SECONDE PARTIE.

Nr.		Pièces.
	Macret, C. F.	
1626.	L'offrande à l'Amour; d'après Greuze	1
	Mair.	
1627.	Une maison d'architecture gothique ornée de statues etc. Pièce douteuse. (Volume VI. pag. 370.)	1
	Malcke.	
1628.	Deux paysages, grav. à l'eau forte	2
	Malton, T.	
1629.	Part of Carisbrook Castle. — Pulteney bridge at Bath	2
	Mansfeld, J. E.	
1630.	Elliot, Amiral. — Baron Sam. Bruckenthal. — Tancrède dans la douleur	3
	Mantegna, André.	
1631.	La sépulture (3.) Ancienne Epreuve, mais faible et un peu endommagée	1
1632	Bacchanale à la cuve. (19.) Belle, mais collée et un peu endommagée	1

Marais.

Maratti, Charles.

Marc-Antoine. (Raimondi.)

VENTE

publique

D'ESTAMPES

à Vienne.

(Autriche.)

Se composant

D'UNE RICHE COLLECTION

de Gravures et d'Eaux-fortes

tant anciennes que modernes

et contenant

les Maîtres : **M - Z,** suivies

d'un petit nombre de dessins originaux,

et d'une **Appendice** qui se distingue

par une quantité d'estampes

(Chefs d'oeuvre de la gravure au burin)

dont les pièces

soigneusement décrites

dans le présent **Catalogue** seront mises

aux enchères et vendues au plus offrant

le 6. Mars 1843

et jours suivans, à 3 heures et demie précises de l'après-midi

sous la direction de la maison

Artaria & Compagnie,

Marchands de beaux Arts, Rue: Kohlmarkt Nr. 1151,

à Vienne,

qui se chargent aussi des Commissions.

1843.

Avis.

Les Numéros entre parenthèses ( ) se rapportent au Peintre-Graveur de Bartsch.

Les Chiffres à la fin de la ligne indiquent le nombre des pièces formant le lot respectif.

Les Prix de vente se feront en florins, Argent de Convention.

Toute Commission doit être accompagnée d'une lettre de credit ou d'un effet à vue.

Maîtres anonymes de l'école de M. Antoine.

1680. L'Amour et le dragon; d'après le même. (pag. 39. Nr. 8.)
      Collée **1**
1681. Jupiter foudroyant les géants. (pag. 45. Nr. 16.) Ant.
      Lafreri formis. Collée **1**

Marcenay de Ghuy, Ant.

1682. Vue d'une campagne au commencement d'un orage. Cat.
      de Rigal. pag. 212. Nr. 17. . . . . **1**
1683. La Fleuriste près d'une croisée; d'après Ger. Dow.
      Nr. 18. Très-belle **1**
1684. L'Amour fixé; d'après Le Brun. Nr. 20. . . . . . **1**
1685. Paysage vu au clair de lune; d'après Vernet. Nr. 23. **1**
1686. Le Vicomte de Turenne Nr. 33. . . . . **1**
1687. Charles, Duc de Brunswick. Nr. 40. . . . . **1**
1688. Victor de Riquety. Nr. 43. . . . . **1**
1689. Le Repos, paysage. Nr. 60. . . . . **1**

Marchi, Ant.

1690. Sposalizio di Sta. Catterina; d'après Tibaldi **1**

Marcuard, Rob.

1691. La prospérité. — L'harmonie, avant la lettre . . **2**
1692. The village doctress. — Pastorale, avant la lettre **2**

Marinus, Ign.

1693. L'adoration des bergers; d'après Jac. Jordaens. Se-
      cond état **1**
1694. Le martyre de Ste. Apolline; d'après le même. Collée **1**
1695. Quatre paysans dans un cabaret; d'après Sorch. Bou-
      enfant exc. Collée **1**

Mark, Quir.

1696. Maximilien, Archiduc d'Autriche. — Adam and Eve in
      paradise; d'après Cipriani. **2**
1697. Susanne et les vieillards; d'après Rubens **1**
1698. Herodiade; d'après van Thulden. **1**
1699. Beispiel kindlicher Liebe **1**
1700. L'avare amoureux; d'après Braun. **1**

1701. Cléopatre qui montre à Auguste le buste de Jules César;
   d'après Battoni. Avant la lettre 1

Marracci, Hipol.

1702. Groupe d'anges sur les nues faisant de la musique,
   grav. à l'eau-forte. Nommée: Le Concert
   de musique, d'après Pasinelli. (1.) Seule
   pièce de l'artiste 1

Martino, Marc San.

1703. Le petit Moïse. (5.) 1
1704. David. (7.) 1
1705. Le groupe des vieillards. (33.) 1

Martin.

1706. La vêture d'une réligieuse. Avant toute lettre . 1

Mason, J.

1707. Paysage orné de figures et d'animaux; d'après Zuccarelli 1
1708. Paysage; d'après Smith 1

Masquelier, L. J.

1709. Les voeux du peuple confirmés par la Réligion . . 1
1710. Les débris du naufrage; d'après Vernet 1
1711. Vue près de Stertzingen en Tirol; d'après Dietrich 1

Massard, J.

1712. Adam et Eve dans le paradis; d'après Cignani. Gr.
   Est. 1
1713. La cruche cassée; d'après Greuze 1
1714. La vertu chancelante; d'après le même 1

Massé, J. B.

1715. Portrait d'Ant. Coypel. Collée 1

Massinger.

1716. Un boeuf debout. — Groupe de quatre chèvres; d'a-
      près H. Roos   2
1717. Chèvres et brébis; d'après le même   3
1718. Le chien d'arrêt espagnol. The spanish Pointer, d'après
      Woollett. — Un bouc et une brébis   2

Matham, J.

1719. Le corps mort de Jésus Christ, etc.; d'après Fran-
      ceschi. (99.) J. de Rem. exc.   1

Matham, Théod.

1720. La Ste. Vierge accompagnée de Ste. Anne, portant
      l'enfant Jésus dans ses bras. Belle   1

Mathieu, J.

1721. Deux paysages faisant pendant; d'après Wagner.
      Avant la lettre   2

Mattioli, Louis.

1722. Paysages; d'après Guerchin. Non mentionnés au
      P. Grav. par Bartsch. Rares. Nr. 1. 2. .   2
1723. dto.   dto.   dto.   dto.   dto.   Nr. 3. 6. .   2
1724. dto.   dto.   dto.   dto.   dto.   Nr. 7. 10. .   2
1725. dto.   dto.   dto.   dto.   dto.   Nr. 11. 14.   2
1726. dto.   dto.   dto.   dto.   dto.   Nr. 6. 7. .   2

Mauperché, Henri.

1727. L'Ange conseillant Tobie. Dumesnil, P. Graveur
      Français. Vol. I. pag. 48. Nr. 9. Très-
      belle et rare   1
1728. St. Jean prêchant dans le désert. Nr. 24.   1
1729. Le repos en Egypte. pag. 70. Nr. 2. Pièce douteuse   1

Mazza, Bart.

1730. L'académie de peinture   1

Meadows, R. M.

1731. Ethelinda restored to her father, et le pendant: Edmund's
      first sight of Ethelinda; d'après Stothard .   2
1732. The female pedlar; d'après Singleton. La lettre
      ouverte 1

Mechau, Jacques

1733. Avanzi dell' acqua Marzia, Claudia e dell' Aniene vec-
      chio fuori di Porta S. Giovanni. — Arco della
      Toretta, ossia parte dell' acqua Claudia agli arci
      vicin' a Tivoli 2
1734. Ponte Solaro. — La Fontana Egeria 2
1735. Papigno vicino a Terni. — Francesco fuori di Subiaco 2

Mechel, Chret.

1736. La sollicitude d'une mère dans l'éternité. — L'Amour
      menaçant; d'après Vanloo 2
1737. Halte de guerriers; d'après Loutherbourg . . . 1

Mecken, Israël de.

1738. St. Christophe. (90.) 1
1739. Le groupe de quatre femmes. (185.) Très-belle
      avec marge 1

Mellan, Claude.

1740. La face de Jésus Christ, grav. d'une seule taille . . 1
1741. Les parens de la Vierge. Parentes — dilexit. 1648. —
      Titre pour le Code de Louis XIV. 2

Melini, Ch. Dom.

1742. L'éducation de l'Amour 1

Mercati, Jean Bapt.

1743. St. Antoine de Padoue adorant à genoux l'enfant Jésus
      qui l'embrasse. (6.) Endommagée. 1

Merz.

1744. Jugement universel; d'après Michel-Ange. Gr. Est.   2
1745. Statue équestre de l'Empereur Joseph II.; d'après Zau-
        ner. Gr. Est.   1

Mesnil.

1746. Conversation d'enfans; d'après Schenau   2

Mettenleiter, J. M.

1747. Portrait de J. M. Mettenleiter, grav. à l'eau-forte.   1

Metzger. — Meyer, Felix.

1748. Cupidon endormi. — Paysage, grav. à l'eau-forte   2

Meyer, Haas, Hüllmann etc.

1749. Vues et palais de Berlin   4
1750. Autres vues et palais de Berlin   4
1751· dto.   dto.   dto.   dto.   4

Meyer, Melchior.

1752. La résurrection de notre Seigneur. (Vol. XVI. pag. 246.)
        Les lettres M. M. se trouvent sur la
        hallebarde. Pièce rare. Les quatre coins
        sont coupés   1
1753. Apollon écorchant Marsias   1

Meyeringh, Alb.

1754. Le mausolée. (8.)   1
1755. Le mur de jardin. (10.)   1

Micarino, Domin. (Beccafumi).

1756. Deux figures académiques, l'une debout, l'autre couchée,
        grav. à l'eau-forte. Rare   1

Michel, J. B.

1757. Le diable à quatre. — Le peintre amoureux   2
1758. A Nymph and Shepherd; d'après Cignani   1

Michelis.

1759. Le couronnement d'épines; d'après A. Carrache. —
      Buste d'un vieillard; d'après Rembrandt . .   2

Middiman, Sam.

1760. Vue de la maison de campagne de Scoonenbergh près
      de Bruxelles   1
1761. Vue de la maison et d'une partie de Scoonenbergh . .   1
1762. Shepherds amusement; d'après Berghem. Gr. Est.   1

Milet, François.

1763. Les deux bergers. (28.) Premier état   1

Minasi.

1764. Tête d'une femme. — Vénus   2

Misbach et Lameau.

1765. La danse des poupées ambulantes; d'après Dalbe . .   1
1766. Les chanteurs ambulants; d'après le même   1

Mitelli, Jos. Marie.

1767. La Ste. Vierge assise sur un trône, ayant sur ses ge-
      noux l'enfant Jésus. (19.)   1
1768. St. Antoine de Padoue adorant à genoux l'enfant Jésus.
      (22.) Collée   1

Mössmer, Jos.

1769. Paysages, grav. à l'eau forte   6
1770. Autres paysages   6

Moitte, P. E.

1771. La paresseuse; d'après Greuze   1
1772. La tendresse maternelle; d'après Monnet   1

Mola, Pierre François.

1773. Joseph et ses frères. (1.) Second état. Tachetée . .   1

Nr.	Pièces.
1774. La Ste. Vierge. (3.) T rès-belle · · · · · · · · · ·	1
1775. La Ste. Famille en fuite en Egypte. (4.) Collée · · ·	1
1776 Le martyre de St. André. (5.) Second état · · · · ·	1

Moles, P. P.

1777. La pesca del crocodilo; d'après Boucher · · · · · ·	1

Molitor, M.

1778. Paysages. Bartsch Catalogue de l'oeuvre de Molitor. Nr. 2. 3. · · · · · · · · · · · · · ·	2
1779. dto. Nr. 5. 6. · · · · · · · · · · · · · · · · ·	2
1780. dto. Nr. 8. 9. 10. · · · · · · · · · · · · · · ·	3
1781. dto. Nr. 11. 12. 13. · · · · · · · · · · · · ·	3
1782. dto. Nr. 14. 15. 16. · · · · · · · · · · · · ·	3
1783. dto. Nr. 17. 18. 20. · · · · · · · · · · · · ·	3
1784. dto. Nr. 21. 22. 23. · · · · · · · · · · · · ·	3
1785. dto. Nr 24. 25. 26. · · · · · · · · · · · · ·	3
1786. dto. Nr. 27. 28. · · · · · · · · · · · · ·	2
1787. dto. Nr. 29. 30. · · · · · · · · · · · · ·	2
1788. dto. Nr. 31. 32. · · · · · · · · · · · · ·	2
1789. dto. Nr. 34. 35. · · · · · · · · · · · · ·	2
1790. dto. Nr. 36. 37. · · · · · · · · · · · · ·	2
1791. dto. Nr. 38. 42. · · · · · · · · · · · · ·	2
1792. dto. Nr. 45. 46. · · · · · · · · · · · · ·	2
1793. dto. Nr. 47. · · · · · · · · · · · · ·	1
1794. dto. Nr. 48. · · · · · · · · · · · · ·	1
1795. dto. Nr. 49. · · · · · · · · · · · · ·	1
1796. dto. Nr. 50. · · · · · · · · · · · · ·	1

Monaco, Pierre.

1797. Gesù Nazareno uomo Dio. — Parabola del Samaritano. — Daniele che si fa incontro a Susanna condotta a morte. — L'angelo custode · · · · · · · · ·	4

Moncornet, B.

1798. Ste. Marguerite · · · · · · · · · · · · · · · ·	1

Monogrammes. (Maîtres aux)

Montagna, Benoît.

Morace, E.

1817. Le plaisir innocent; d'après Morillos   1

Moreau, J. M.

1818. Le modèle honnête; d'après Baudouin   1

Morghen, Raph.

1819. Carolus IV. Buste   1
1820. Ferdinandus III. Médaille   1
1821. Madm. Gray en Thalie   1
1822. La Famille de Holsteinbeck; d'après Ang. Kauffman.
      Gr. Est.   1
1823. François de Moncade à cheval; d'après Van Dyck.
      Avant les contre-tailles. Gr. Est. . . .   1
1824. Napoléon, Empereur des Français; d'après Tofanelli   1
1825. Rossini, buste   1
1826. La Madonna col bambino; d'après Andrea del Sarto   1
1827. Le repos en Egypte; d'après Nic. Poussin   1
1828. St. Jean Baptiste; d'après le Guide   1
1829. Monument érigé à la memoire du Pape Clement XIII;
      d'après Canova. Gr. Est.   1
1830. Le jeune Thesée, vainqueur du Minotaure; d'après Ca-
      nova. Gr. Est.   1
1831. La même Estampe   1
1832. La Poésie; d'après Hamilton   1
1833. La Peinture; d'après le même.   1
1834. La même Estampe   1
1835. Les Heures; d'après Nic. Poussin. Gr. Est. . . .   1
1836. La même Estampe   1
1837. La Jurisprudence, composition allégorique; d'après Ra-
      phaël. Gr. Est.   1
1838. Apollon et les Muses au Parnasse; d'après Raph.
      Mengs. Gr. Est.   1
1839. L'Aurore; d'après le Guide. Gr. Est.   1

Morghen, Ant.

1840. La Ste. Vierge avec l'enfant Jésus; d'après Carlo
      Dolce   1

Morris, T.

1841. Skiddaw; d'après Loutherbourg · · · · · · · · · 1

Mozyn, Mich.

1842. Les baigneuses; d'après Poelenbourch · · · · · · 1

Müller, Fr.

1843. St. Jean Evangéliste; d'après le Dominiquin. 1812.   1
1844. The battle at Bunkert's Hill; d'après Trumbull. Gr.
      Est. · 1
1845. La Nymphe Erigone · · · · · · · · · · · · · 1

Müller, Fr.

1846. Portrait de J. P. Hebel · · · · · · · · · · · · · 1

Müller, G. A.

1847. Les fils de Rubens; d'après Rubens · · · · · · · 1
1848. La bataille et la mort de Décius; d'après le même. Gr.
      Est. · · · · · · · · · · · · · · · · · · · 1

Muller, Jean.

1849. Isabelle Claire Eugénie, Infante d'Espagne. (63.) Belle   1

Müller, J. G.

1850. Louis XVI.; d'après Duplessis. Gr. Est. · · · · · 1
1851. La petite Javotte; d'après Wille · · · · · · · · · 1

Müller, L.

1852. Alexander und sein Lehrer Aristoteles; d'après Ramberg. Gr. Est. · · · · · · · · · · · · · · 1

Muntaner, Fr.

1853. Portrait d'un savant; d'après Velasquez. Rare. Gr.
      Est. · · · · · · · · · · · · · · · · · · · 1
1854. L'apparition de la Ste. Vierge à St. Bernard; d'après Murillo. Belle et rare. Gr. Est. · · · · · · 1

Naiwjnex, H.

1855. Paysage (11.) Rare · · · · · · · · · · · · · · · · 1
1856. Paysage (12.) dto. · · · · · · · · · · · · · · · 1
1857. Paysage (14.) dto. · · · · · · · · · · · · · · · 1

Nanteuil, Robert.

1858. Nesmond (François-Théodore de). Dumesnil P.
Graveur Français. Vol. IV. pag. 162.
Nr. 201. · 1

Natalis, Mich.

1859. L'histoire du fils de Dieu · · · · · · · · · · · · 30

Naudet.

1860. Différens petits paysages, grav. à l'eau-forte · · · 7
1861. Différens autres paysages · · · · · · · · · · · · 6

Née, Denis.

1862. Vue du château de Coucy. — Vue générale des manu-
factures de Beauvais; d'après Tavernier . . 2

Neue, François de.

1863. Le chien dressé. (3.) Tachetée. — Le berger assis. (4.)
Copie 2
1864. Le groupe de trois figures. (7.) 1
1865. La bergère. (12.) 1

Niolles. (Epreuves de)

1866. La nativité. Pièce ronde. Autour du sujet l'inscription
suivante: Parvulus filius hodie natus est etc.
Du XV. siècle. 1
1867. Paix, composée de deux pièces, la partie superieure en
demi-cercle représentant le père éternel entre
deux anges; la partie inférieure représentant la
résurrection de Jésus Christ. Pièces du commencement du XVI. siècle 2
1868. Consistoire du pape Paul à Venise. Pièce ronde avec

l'inscription : Sacrum publicum apostolicum con-
sistorium Paulus Venetus P. P.   1

1869. Vignette offrant deux génies ailés, tenant un écusson
avec une tête chymérique sur un fond noir. P i è c e
du XVI. siècle   1

1870. Monture d'un couteau, superbe dessin d'ornement com-
posé de feuillage. Sur une tablette se trouvent
les lettres C. M. D. E. (Cosmus Medicaeus Dux
Etruriae.)   1

1871. Autre monture d'un couteau, composée de trophées et
d'armures, du même temps   1
(Toutes ces pièces sont extrêmement rares.)

Niquet.

1872. Vue de l'hôtel de ville et de la façade de l'église col-
légiale de Bourg en Prusse   1

Noël et Massol.

1873. Nymphes au bain; d'après L e t h i e r s. Gr. Est. . .   1

Nolpe, Pierre.

1874. Le prophète Elie implorant la protection du Seigneur
pour confondre les prêtres de Baal; d'après
B r e e n b e r g h. Un peu coupée de deux côtées   1
1875. Paysage; d'après N i e u l a n d   1

Non, Richard Saint.

1876. Statues, bas-reliefs etc.; d'après l'antique, g r a v. à
l'e a u - f o r t e · · · · · · · · · · · ·   9
1877. Autres statues, bas-reliefs etc.; d'après le même · · ·   9
1878. Bacchanales; d'après B o u c h e r. — Réjouissement de
paysans; d'après B e n a r d · · · · · · · · ·   3

Norblin.

1879. Susanne et les vieillards · · · · · · · · · · · · ·   1
1880. Alexandre chez Apelles; d'après D i e t r i c h · · · · ·   1
1881. Un guerrier et une femme près d'une porte · · · · ·   1
1882. Sujet de conversation · · · · · · · · · · · · · ·   1

Norton, C.

1883. A Calm; d'après Van Gowen · · · · · · · · · · ·   1
1884. Le petit pont de pierre; d'après Pillement ·   · · ·   1

Nothnagel, J. A. B.

1885. Différentes têtes et figures · · · · · · · · · · · · · ·   11

Novelli, François.

1886. Les dessins de Mantegna.   Oeuvre compl. en 45
     pièces avant la lettre · · · · · · · · · ·   45
1887. Différens sujets; d'après Rembrandt et autres maî-
     tres : ·   11
1888. St. Paul et St. Antoine · · · · · · · · · · · · · ·   2
1889. Les lions; d'après Quadal. — La chasse au sanglier;
     d'après Snyders, — Sujet; d'après le Guer-
     chin ·   3

Nusbiegel, J.

1890. Oliver Cromwell dissolving the long Parliament, et le
     pendant: King Charles II. landing on the Beach
     at Dover; d'après West · · · · · · · · · · ·   2

Nutter, William.

1891. La mort du Général Fraser; d'après Graham · · · ·   1
1892. The Farm-yard; d'après Singleton · · · · · · · · ·   1

Nypoort, J. V. D.

1893. Deux paysans et une paysanne dans une cabane rustique   1

Oels, Pierre.

1894. Ostade's Mother, grav. en manière noire; d'après Ostade.
     Rare · · · · · · · · · · · · · · · · · · ·   1

Ogborne, J.

1895. L'Etude; d'après Macklin. — Cecilia's first interview
     with Miss Belfield · · · · · · · · · · · · · ·   2

Onofri, Crescent.

1896. Apollon et la Nymphe conduisant un lion. (10.) · · · ·   1

Orley, R. v.

1897. Puella surge et reversus est spiritus etc. · · · · · · ·   1

Orlowsky, A.

1898. Homme à cheval en carrière; grav. à l'eau-forte · ·   1

Ossenbeeck, J. van.

1899. La fontaine du Triton. (26.) Rare. Collée. · · · · · ·   1
1900. Les Israëlites cueillant la manne; d'après le Tintoret.
     (pag. 307. Nr. 2.) · · · · · · · · · · · · ·   1
1901. Orphée attirant à lui tous les animaux. (pag. 308. Nr. 10.)   1
1902. Diane se vengeant sur Niobé par sa mort et celle de
     ses enfans. (pag. 308. Nr. 11.) · · · · · · · ·   1

Ostade, Adrien van.

1903. Le fumeur, planche ovale. (5.) Collée · · · · · · · ·   1
1904. Le fumeur riant. (6.) · · · · · · · · · · · · · ·   1
1905. Le vielleur (8.) Collée · · · · · · · · · · · · · ·   1
1906. L'homme appuyé sur le bas de sa porte. (9.) · · · · ·   1
1907. Le fumeur à la fenêtre. (10.) · · · · · · · · · · ·   1
1908. La tendresse champêtre. (11.) Second état. Collée   1
1909. L'homme et la femme causant ensemble. (12.) Collée. —
     Les fumeurs. (13.) — Deux différentes Copies   4
1910. La mère et les deux enfans. (14.) — La cruche vuide.
     (15.) Imprimée en rouge · · · · · · · ·   2
1911. La cruche vuide. (15.) Deux différentes Epreuves · ·   2
1912. La poupée demandée. (16.) Imprimée en rouge ·   1
1913. La poupée demandée. (16.) Collée. — L'école. (17.)
     Collée · · · · · · · · · · · · · · · ·   2
1914. Le coup de couteau. (18.) Collée · · · · · · · ·   1
1915. Les harangueurs. (19.) · · · · · · · · · · · ·   1
1916. La même Estampe. (19.) · · · · · · · · · · · ·   1
1917. Gueux au dos courbé. (20.) Collée. — Gueux debout,

<table>
<tr><td>Nr.</td><td></td><td>Pièces.</td></tr>
</table>

les mains derrière le dos. (21.) Collée. — Gueux
enveloppé d'un manteau. (22.) Collée 3

1918. Homme et femme marchant ensemble. (24.) — La dévideuse à la porte de sa maison. (25.) Collée . 2

1919. Le savetier. (27.) Collée. — Trois figures grotesques.
(28.) 2

1920. Trois figures grotesques. (28) et Copie 2

1921. La chanteuse. (30.) — Le père de famille. (33.) Collée , 2

1922. Le bénédicité. (34.) Copie. — L'homme conversant avec
la femme. (37.) Collée 2

1923. L'homme conversant avec la femme. (37.) Imprimée
en rouge 1

1924. Les musiciens ambulans. (38.) Collée. — Le trictrac.
(39.) 2

1925. Les deux commères. (40.) Imprimée en rouge . . 1

1926. Le paysan payant son écot. (42.) Imprimée en rouge.
Premier état 1

1927. Le joueur de violon bossu. (44.) Collée 1

1928. La famille. (46.) Collée 1

1929. La fête sous le grand arbre. (48.) 1

1930. Le gouté. (50.) Second état. Collée 1

1931. Le paysan qui pisse. Attribuée à Ostade 1

1932. Les harangueurs. (19.) Collée. — Copie de Nr. 19. plus
grande que l'original avec l'inscription: Non mea-
canens. Solidé 2

1933. Homme et femme marchant ensemble. (24.) Collée. —
Le paysan qui pisse 2

1934. La fête sous le grand arbre. (48.) Collée. — Le paysan
qui pisse 2

Ottaviani, C.

1935. Achille in Sciro. — Achille riconosciuto da Ulisse . . . 2

Otto, Hendrick.

1936. Groupes de boucs et de chèvres; grav. à l'eau-
forte 2

Ouvrier, Jean.

1937. La collation hollandaise; d'après Stein 1

Nr.   Pièces

1938. Les deux confidentes; d'après Boucher   1

Ozanne, Joanna Francesca.

1939. Première vue du port de Livourne; d'après Vernet ·   1
1940. Deuxième vue du port de Livourne; d'après le même ·   1

Palcko, F. C.

1941. Jésus Christ et la Samaritaine. Grav. à l'eau-forte   1

Palma, Jacques le jeune.

1942. Feuille d'étude où l'on voit en haut St. Jérôme s'entretenant avec le pape Damase. (16.) Belle ·   1
1943. Une feuille avec des études d'homme. (15.) Le coin à gauche du bas manque. — Les juifs amenant à Jésus Christ une femme accusée d'adultère. (20.)   2
1944. St. Jean Baptiste puisant de l'eau d'une main etc. (19.) Belle   1
1945. St. Thomas mettant le doigt dans la playe au coté de Jésus Christ. (22.) — Les juifs amenant à Jésus Christ une femme accusée d'adultère. (20.)   2
1946. La déesse tutélaire de la ville de Rome. (23.) Second état   1
1947. Autre estampe du même sujet. (24.)   1
1948. Dalila coupant les cheveux de Samson. (26.) — Les juifs amenant à Jésus Christ une femme accusée d'adultère. (20.) Copie fort trompeuse   2

Pannels, Guil.

1949. L'adoration des bergers   1

Parizeau, R. J.

1950. Sujets allégoriques, grav. au trait   6

Parker, James.

1951. Lady Mary presented to the Prince of Orange; d'après Stothard   1
1952. Cymbeline; d'après Harding   1

Parmesan, François (Mazzuoli).

1953. L'annonciation. (2.) Premier état, du cabinet Gawet. Rare et belle 1
1954. La Ste. Vierge. (4.) 1
1955. La résurrection, (6.) et Copie 2
1956. St. Jacques majeur. (8.) 1
F. P. (Nr. 10. des monogrammes.)
1957. St. Mathias. (13.) Copie. — La Vertu victorieuse du
vice. (17.) 2

Pasqualini, J. B.

1958. Abraham et Agar 1

Passari, Bern.

1959. Sainte Famille. (70.) Collée 1

Passini.

1960. Portrait du Comte Maurice de Dietrichstein 1
1961. Margaretha; d'après Fendi 1
1962. Maria von Burgund; d'après le même 1

Pasteroni.

1963. Deiopeia; d'après Zucchi. 1

Pedro, Franc.

1964. La Charité; d'après Albani 1

Peltro, John.

1965. Evening; d'après Taverner 1

Pencz, George.

1966. Abraham servant les trois anges. (2.) 1
1967. Joseph raconte ses songes. (9.) — Ils le vendent à des
marchands. (11.) 2
1968. Salomon adorant les idoles. (22.) Belle 1

Nr.		Pièces.

1969. Salomon jugeant deux femmes. (23.) Belle 1
1970. Holoferne à table avec Judith. (24.) — La femme adultère. (55.) 2
1971. Jésus Christ à la croix. (57.) 1
1972. Le bon Samaritain. (68.) 1
1973. La conversion de St. Paul. (69.) 1
1974. Thomiris. (70.) Belle . . . · 1
1975. Medée. (71.) Belle 1
1976. Procris tuée par Céphale. (73.) Belle 1
1977. Mutius Scevola. (74.) Belle 1
1978. Marc Curce. (75.) 1
1979. Titus Manlius (76.) — Regulus. (77.) 2
1980. Les quatre sujets de l'histoire romaine. (78 — 81.) Suite compl. Belle 4
1981. Sophonisbe. (82.) 1
1982. Artémise. (83.) 1
1983. Virginius. (84.) Belle 1
1984. La prise de Carthage. (86.) Second état, avant l'adresse de Nic. Van Aelst. Très-belle . 1
1985. Deux sujets d'un conte d'Albert d'Eyb. (87. 88.) . . . 2
1986. Thétis et Chiron. (90.) 1
1987. Triton enlevant Amymone. (93.) 1
1988. Le juge. (95.) 1
1989. Les sept péchés mortels. (98 — 104.) Suite compl. 7
1990. Les cinq sens. (105 — 109.) Suite compl. Belle . 5
1991. Les sept arts libéraux. (110 — 112.) Belle . . . 6
1992. Les six triomphes décrits par Petrarque. (117 — 122.) Suite compl. Belle 6
1993. Deux compositions d'ornemens. (123. 124.) 2
1994. Portrait de Jean Fréderic, Electeur de Saxe. (126.) Rare. La bordure est coupée 1
1995. Joseph raconte ses songes. (9.) — Sujet d'un conte d'Eyb. (87.) 2
1996. Les quatre sujets de l'histoire romaine. (78 — 81.) Suite compl. 4
1997. La paresse. (100.) — La gourmandise. (101.). — Le triomphe du temps. (120.) 3
1998. La dialectique. (111.). — L'arithmétique. (113.) — La

géométrie. (115.) — Le triomphe du temps. (120.) 4

1999. Les triomphes décrits par Petrarque. (118. 119. 120. 122.) 4

2000. Les mêmes Estampes. (118. 119. 120. 122.). 4

Penzel, Jean.

2001. Cabinet de D. Chodowiecki 1

Perdoux.

2002. Vue de l'étang des Islettes 1

Perolle.

2003. Vue de l'église de St. Michel à Dijon. — Paysages 4

2004. Diverses vues 3

Perini, Jos.

2005. Charitas; d'après Schidone 1

Perret, P.

2006. La femme adultère; d'après Breughel. Collée. . . 1

Perrier, Fr.

2007. La communion de St. Jérôme; d'après Aug. Carrache 1

2008. Bacchus; d'après l'antique 1

Peruzzini, Dom.

2009. Jésus Christ tenté par le démon. (3.) 1

Persichini, Raph.

2010. La charité; d'après Cignani. Avant la lettre 1

Pesne, Jean.

2011. Le Triomphe de Galathée. Dumesnil P. Grav. Français. Tome III. pag. 144. Nr. 30. Second état 1

2012. Sainte Famille; d'après Raphaël. Nr. 95. Second
état 1

Petit, G. E.

2013. Evrard Titon du Tillet; d'après Largillierre . . . 1

Pfeiffer, Ch. H.

2014. Lobkowitz, Prince Joseph. — Platon Prince de Subow.
— Zauner, François 3
2015. Paysage; d'après C. H. Brand 1

Pfeif, L. de.

2016. Titre avec deux chiens. — Un loup terrassant un agneau. — Un sanglier. — Un ours 4

Phillips, James.

2017. The great Banyan Tree; d'après Wales. La lettre
tracée. Gr. Est. 1

Picart, Etienne.

2018. La Vertu heroïque victorieuse; d'après le Corrège . 1
2019. St. Paul faisant brûler les livres des Ephésiens; d'après
Le Sueur . . . . , 1

Pichler, Jean.

2020. Kaunitz, Prince W. figure entière; d'après Lampi. Gr.
Est. 1
2021. Leopold II., Empereur; d'après le même. Gr. Est. . 1
2022. Louis XVI., Roi des François; d'après Calle . . . 1
2023. Sperges, Baron; d'après Lampi 1
2024. Wutki, Peintre. Avant toute lettre 1
2025. Adoration des bergers; d'après le Guide. Gr. Est. 1
2026. Le baptême du Christ; d'après le même. Gr. Est. . . 1
2027. Jésus Christ mis au tombeau; d'après Rubens. Avant
la lettre. Gr. Est. 1
2028. Vulcain surprend Mars et Vénus; d'après Lucas Giordano 1

Nr.   Pièces.

2029. Des fleurs et des fruits; d'après Van Huisum. Avant toute lettre   1

Pievillano.

2030. Fortuna quod donare dicitur; d'après le Guide . . .   1

Pilaja, Paul.

2031. Miracle opéré par St. Thoribio, Archevéque de Lima, préchant les Indiens; d'après Conca . ' . .   1

Pinelli, B.

2032. Raccolta di quattordici motivi di Costumi di Roma. Suite compl. 14
2033. L'histoire romaine 50

Piranesi, J. B.

2034. Diverses vues et bâtimens de Rome 12
2035. Autres vues et bâtimens de Rome 23

Pistrucci.

2036. L'histoire romaine. Numérotées 1 à 36. 36

Pitteri, Marc.

2037. Aloysius Mocenicus Venetiarum Dux. Collée   1

Pizzi, Louis.

2038. Un Amour assis à terre; d'après Head   1

Pò, Pierre del.

2039. La Ste. Vierge assise sur un trône élevé, au bas duquel sont représentés, à droite St. Jean et à gauche St. Pétrone. (23.) Collée. Le Blond exc.   1

Poilly, François.

2040. La Ste. Vierge avec l'enfant Jésus auquel St. Joseph montre une croix dans les nues; d'après Mignard. Belle   1

Polanzani, Fel.

2041. Buste d'une vieille femme; d'après Nogari   1
2042. Vita della gran madre di Dio su li disegni del Nicolò
       Pussino. Fol. Roma 1783   23

Pollard, R.

2043. Arrivée du Prince d'Orange à Welsingen 1786 . . .   1
2044. Lieutenant Moody   1
2045. Lady Harriet Ackland   1
2046. The Grosvenor, east Indiaman; d'après Smirke . .   1
2047. Edwin and Angelina   1
2048. The hermitage of Warkworth   1
2049. Affliction d'une famille qui a perdu un de ses enfans;
       d'après Cesse   1
2050. Joie de la famille en retrouvant l'enfant qui s'était per-
       du; d'après le même   1

Ponheimer. — Pont.

2051. Petits paysages en rond   2
2052. Effet de nuit, paysage; d'après Brand. — Paysage;
       d'après Gelée par Pont   2

Pontius, Paul.

2053. Fredericus Henricus Principe Arausionenum; d'après
       Van Dyck. C. van der Stock exc. . .   1
2054. Constantinus Hugens; d'après le même   1
2055. Gerardus Segers; d'après le même   1
2056. Le massacre des innocens; d'après Rubens; la partie
       droite   1
2057. Le Roi boit; d'après Lucas Giordano. Pièce ca-
       pitale et très-belle   1

Popels, J.

2058. Triomphe de Bacchus; d'après Rubens. Basan pag.
       102. Nr. 61. Ecce quid — iners   1

Porporati, Ch. Ant.

2059. Susanne au bain; d'après Santerre   1
2060. Herminie demandant un asyle à un berger; d'après Van-
      loo. Avant toute lettre   1
2061. L'enfant avec le chien dans les bras; d'après Greuze   1

Potter, Paul.

2062. La vache couchée près de la barrière de quatre planches
      (3.) Anc. et belle   1
2063. La vache qui pâture. (4.) Anc. et belle   1
2064. Le berger. (15.) Premier état avec l'adresse de
      Cl. de Jonghe et avant le Nr. 2. au des-
      sus de l'année. Très-rare et belle . .   1
2065. La vache couchée près de la haie. (pag. 66. Nr. 3.)
      Pièce attribuée   1

Pouncey, B. T.

2066. View of the Cathedral Church of Ely; d'après Hearne   1

Pranker, Robert.

2067. Samson in distress; d'après Paxton. Collée   1

Prenner, A. J.

2068. La Ste. Vierge avec l'enfant Jésus et le petit St. Jean;
      d'après le Titien   1

Prestel, A. D.

2069. Attelier d'un Peintre. Grav. à l'eau-forte   1

Preisler, J. M.

2070. Bacchanale; d'après Pierre   1

Primavesi, George.

2071. Deux paysages, grav. à l'eau-forte   2
2072. Vue du château de Heidelberg   1

Procaccini, André.

2073. L'éducation de Bacchus; d'après Maratti   1

Procaccino, Camille.

2074. Repos en Egypte. (1.) Premier état. Collée et en-
    dommagée   1
2075. Autre repos en Egypte. (2.) Collée   1
2076. Autre repos en Egypte. (3.)   1

P. V. H.

2077. La loge de chien. (1.) Collée   1
2078. Le chien enchaîné et debout. (6.)   1
2079. Les trois chiens et la charogne. (7.)   1
2080. Les chiens en chasse. (8.)   1
2081. Le chien enchaîné et couché. (9.) Nic. Visscher
    exc.   1
2082. Les trois chiens. (10.)   1
2083. Le chien enchaîné et couché. (9) — La couple de chiens.
    (2.) Copie   2

Quellinus, Erasme.

2084. Paysage, avec une danse d'enfans et de petits satyres.
    Pièce rare et belle   1

Raber, J.

2085. La Vierge avec l'enfant Jésus; d'après Raphaël . .   1

Rahl, C. H.

2086. Portrait de Jean Adam Schmidt, médecin   1
2087. L'enfant Jésus assis sur un agneau près de la Ste.
    Vierge. — Mater dolorosa; d'après Wächter   2
2088. Ste. Marguerite; d'après Raphaël   1
2089. Six petits paysages   6
2090. Paysage; d'après Nic. Poussin   1
2091. Tête d'enfans. — Un satyre jouant la lyre. — Un ange
    jouant la luthe. — Bustes de deux enfans . .   4

Nr.		Pièces.
2092.	Les filles près du puits; d'après L. Schnorr	1
2093.	Cimon; d'après Wächter	1
2094.	Andromaque; d'après le même	1

Rainaldi, François.

2095.	Joseph et la femme de Putiphar	1
2096.	Céphale et Procris	1

Rauch, Jos.

2097.	Un lion et un tigre, grav. à l'eau-forte pure	1
2098.	Un lion couché. — Tête d'un taureau	2
2099.	Tête d'une chèvre. — Deux lions et une lionne	2
2100.	Deux lions et une lionne. — Tête d'un taureau. — Tête d'une chèvre	3

Ravenet, S. F.

2101.	Alexandre visiting the Tomb of Achilles; d'après Lauri	1
2102.	Paysage; d'après Pillement	1

Ravenet, le fils.

2103.	Ethra mère de Thesée lui decouvre le secret de sa naissance	1
2104.	Cimon nourrit par sa fille	1
2105.	Thetis confiant l'éducation d'Achille au centaure Chiron	1

Rebell.

2106.	Deux paysages, grav. à l'eau-forte	2
2107.	Deux autres paysages	2

Rechberger, François.

2108.	Petits paysages, grav. à l'eau-forte	9
2109.	Paysages	3
2110.	dto.	4
2111.	dto.	4
2112.	dto.	4
2113.	dto. plus grands	3
2114.	Deux paysages, faisant pendants	2
2115.	Deux autres paysages, faisant pendants	2

Rectorzik.

2116. Différens sujets, grav. à l'eau-forte · · · · · · · ·   12
2117. Divers animaux · · · · · · · · · · · · · · · · · · ·   7

Reinermann, F.

2118. Groupe de trois chevaux au pâturage; d'après Wou-
      wermans ·   1

Reinhart, J. C.

2119. Tête d'un cheval. — Différens chiens · · · · · · · ·   4
2120. Des chèvres, des boucs et des mulets · · · · · · · ·   8
2121. Têtes de vaches et de boeufs · · · · · · · · · · · ·   5
2122. Des veaux ·   3
2123. Des boeufs ·   2
2124. Tempio della Tosse a Tivoli. — Aricia · · · · · · · ·   2
2125. Vicino a Subiaco. — Poi cessa colla Sera ogni lavoro   2
2126. A Subiaco. Deux paysages en hauteur faisant pendants   2
2127. Nel Colosseo. — A cività Castellana. — In villa Mece-
      nate a Tivoli ·   3

Reinheimer, J. G.

2128. Ansicht des Aschaffenburger Thors zu Frankfurt. —
      Ansicht des Hanauer Thors zu Frankfurt. —
      Das Friedbergerthor, und das Mainzerthor zu
      Frankfurt ·   4

Reinhold, Henri.

2129. Divers sujets, grav. à l'eau-forte · · · · · · · · ·   4

Reinsperger, J. C.

2130. Le joueur de luth. — Buste d'un jeune homme; d'après
      le Guerchin ·   2

Rembrandt.

2131. Portrait de Rembrandt au bonnet rond. Bartsch Ca-
      talogue de Rembrandt. Vol. I. pag. 15.
      Nr. 16. Rare et belle · · · · · · · · · · · · · · · ·   1

Nr.		Pièces.

2132. Portrait de Rembrandt avec l'écharpe autour du cou.
Nr. 17. Troisième état 1
2133. Rembrandt et sa femme. Nr. 19. 1
2134. Portrait de Rembrandt au bonnet orné d'une plume.
Nr. 20. 1
2135. Rembrandt dessinant. Nr. 22. Cinquième état . . 1
2136. Portrait de Rembrandt au bonnet fourré et habit blanc.
Nr. 24. Belle 1
2137. Portrait de Rembrandt à cheveux courts et frisés. Nr. 26.
Second état 1
2138. Abraham caressant Isaac. Nr. 33. 1
2139. Le sacrifice d'Abraham. Nr. 35. Belle 1
2140. Joseph racontant ses songes devant sa famille. Nr. 37.
Second état 1
2141. Joseph et la femme de Putiphar. Nr. 39. 1
2142. David priant Dieu. Nr. 41. Sur papier de la Chine 1
2143. L'ange qui disparoît devant la famille de Tobie. Nr. 43. 1
2144. Copies de Nr. 34. 43 et 80. 4
2145. L'annonciation aux bergers. Nr. 44. Belle 1
2146. L'adoration des bergers. Nr. 46. Troisième état . 1
2147. La circoncision. Nr. 47. Premier état 1
2148. La même Estampe. Nr. 47. Second état 1
2149. Fuite en Egypte. Nr. 53. Second état 1
2150. La même Estampe. Nr. 53. Plus faible et collée . . 1
2151. Fuite en Egypte. Nr. 55. 1
2152. Repos en Egypte. Nr. 57. Second état et Copie . 2
2153. La Vierge et l'enfant Jésus sur des nuages. Nr. 61. . 1
2154. La sainte Famille. Nr. 63. Sur papier de la Chine 1
2155. Jésus Christ au milieu des Docteurs. Nr. 64. Sur
papier de la Chine 1
2156. Jésus Christ disputant avec les Docteurs de la loi.
Nr. 65. Belle 1
2157. Jésus Christ au milieu des Docteurs de la loi. Nr. 66.
Second état sur papier de la Chine . . 1
2158. Jésus Christ prêchant, ou la petite tombe. Nr. 67.
Contre-épreuve du troisième état.
Rare 1
2159. La même Estampe. Nr. 67. Copie en contre-partie . 1

Nr.		Pièces.
2160.	Le denier de César. Nr. 68. Troisième état, et Copie	2
2161.	Jésus Christ chassant les vendeurs hors du temple. Nr. 69. Second état	1
2162.	La Samaritaine. Nr. 70. Troisième état. Collée .	1
2163.	Autre Samaritaine. Nr. 71.	1
2164.	Résurrection de Lazare. Nr. 72. Très-belle . . .	1
2165.	La même Estampe. Nr. 72. Sur papier de la Chine	1
2166.	Résurrection de Lazare. Nr. 73. Cinquième état sur papier de la Chine · · · · · · · · · ·	1
2167.	La pièce de cent florins. Nr. 74. Premier état. Un peu faible · · · · · · · · · · · · · · · ·	1
2168.	Les trois croix. Nr. 78. Troisième état avant l'adresse · · · · · · · · · · · · · · · · ·	1
2169.	Jésus Christ en croix. Nr. 80. · · · · · · · · ·	1
2170.	La même Estampe. Nr. 80. · · · · · · · · · · ·	1
2171.	La descente de croix. Nr. 81. Justus Danckerts excudebat · · · · · · · · · · · · · · · ·	1
2172.	Copie de Nr. 69. 73 et 81. · · · · · · · · · · ·	3
2173.	Descente de croix. Nr 83. · · · · · · · · · · ·	1
2174.	Le bon Samaritain. Nr. 90. Copie · · · · · · · ·	1
2175.	Le retour de l'enfant prodigue. Nr. 91. Copie en contre-partie · · · · · · · · · · · · · · · ·	1
2176.	La décollation de St. Jean Baptiste. Nr. 92. · · · · · ·	1
2177.	Pierre et Jean à la porte du temple. Nr. 94. Troisième état · · · · · · · · · · · · · · · ·	1
2178.	Le martyre de St. Etienne. Nr. 97. · · · · · · · · ·	1
2179.	Baptême de l'Eunuque. Nr. 98. · · · · · · · · · ·	1
2180.	La mort de la Vierge. Nr. 99. Second état sur papier de la Chine · · · · · · · · · · ·	1
2181.	St. Jérôme. Nr. 102. · · · · · · · · · · · · · ·	1
2182.	St. Jérôme. Nr. 105. Second état · · · · · · · ·	1
2183.	L'étoile des Rois. Nr. 113. · · · · · · · · · · · ·	1
2184.	La même Estampe. Nr. 113. · · · · · · · · · · ·	1
2185.	Trois figures Orientales. Nr. 118. Second état · ·	1
2186.	Les musiciens ambulans. Nr. 119. Belle, mais un peu coupée · · · · · · · · · · · · · · · · · ·	1
2187.	La même Estampe. Nr. 119. Plus faible. Sur papier de la Chine · · · · · · · · · · · · · · · ·	1

Nr.		Pièces

Nr.   Pièces.

2218. L'abreuvoir. Nr. 231. Second état. Le fond de la grotte retouché à l'encre de la Chine. Très-belle 1

2219. L'abreuvoir de la vache. Nr. 237. Sur papier de la Chine 1

2220. Vieillard à barbe carrée. Nr. 265. 1

2221. Janus Silvius. Nr. 266. 1

2222. Menassé Ben-Israël. Nr. 269. Trés-belle . . . 1

2223. Clement de Jonge. Nr. 272. Cinquième état. Collée et endommagée 1

2224. Abraham France. Nr. 273. Cinqième état. Collée 1

2225. Copie de Nr. 273. En contre-partie. — Le petit Coppenol. Nr. 282. Copie 2

2226. Le jeune Haaring. Nr. 275. Quatrième état, sur papier de la Chine 1

2227. Jean Lutma. Nr. 276. Second état 1

2228. Jean Asselin. Nr. 277. Troisième état, sur papier de la Chine. Un peu endommagée dans l'air 1

2229. Wtenbogardus. Nr. 279. Second état 1

2230. Le grand Coppenol. Nr. 283. Troisième état . . 1

2231. Le bourguemaître Six. Nr. 285. Copie par Basan . . 1

2232. Vieillard à grande barbe. Nr. 290. Collée 1

2233. Vieillard à grande barbe et calotte. Nr. 295. Sur papier de la Chine 1

2234. Vieillard à barbe courte. Nr. 300. Troisième état. — Copie en contre-partie 2

2235. Vieillard chauve à courte barbe. Nr. 306. Rare et belle. Un peu tachetée 1

2236. Homme à moustaches relevées, et assis. Nr. 321. . . 1

2237. La même Estampe. Nr. 321. Sur papier de la Chine 1

2238. Tête grotesque. Nr. 326. Cette pièce n'est pas commune. Second état 1

2239. Autre petite tête grotesque. Nr. 327. Ce morceau est aussi assez rare. Second état . . 1

2240. Vieille femme assise. Nr. 344. 1

2241. La même Estampe. Nr. 344. Avec un petit trou au milieu 1

Nr.		Pièces.

2242. La liseuse. Nr. 345. Second état 1
2243. Etudes de six têtes, au milieu desquelles est le portrait
       de la femme de Rembrandt. Nr. 365. 1
2244. Trois têtes de femmes, dont une qui dort. Nr. 368. . 1
2245. Une partie de la pièce rare de Nr. 369. 1
2246. Jeune homme à mi-corps. Volume II. pag. 111. Nr. 30.
       Collée 1
2247. Buste de Vieillard. Nr. 31. Tachetée 1
2248. Vieillard à grande barbe, assis. pag. 115. Nr. 38. . . . 1
2249. Copie de Nr. 320. 321. 327 et 355. 4
2250. Copie de Nr. 10. 14. 24 et 287. 4
2251. Copie de Nr. 273. 290 et 351. 3
2252. Différentes têtes et bustes; d'après Rembrandt . . 6
2253. Différens sujets; d'après le même 5
2254. Différens autres sujets; d'après le même 3

Reni, Guido.

2255. La Vierge avec l'enfant Jésus. (3.) 1
2256. La Vierge, l'enfant Jésus et St. Jean Baptiste. (6.)
       Pièce rare 1
2257. Ste. Famille. (8.) Copie. — Ste. Famille. (10.) . . . 2
2258. L'enfant Jésus et St. Jean Baptiste. (13.) Tachetée . 1
2259. Une gloire d'anges. (45.) Très-belle et rare . . . 1
2260. Jésus Christ mis au tombeau. (46.) 1
2261. La Ste. Famille et Ste. Claire. (50.) Troisième
       état 1
2262. Jésus Christ et la Samaritaine. (52.) Second état.
       Avec deux taches 1
2263. St. Roch distribuant son bien aux pauvres. (53.) . . . 1
2264. Copie de Nr. 53. 1
2265. Estampes pour la description des funérailles d'Augustin
       Carrache. (54. 55.) 2

Maîtres anonymes de l'école du Guide.

2266. Judith; d'après le Guide. (Pag. 314. Nr. 1.) 1
2267. La Ste. Vierge. (2.) — La Vierge, l'enfant Jésus et
       St. Jean. (4.) 2

2268. L'enfant couché sur la croix. (7.) — St. Michel. (29.)
Belle 2
2269. La mort de Lucrèce; d'après le Guide 1

Reville.

2270. Vista de la Plaza nueva de Barcelona 1

Rhein, Nicolas.

2271. La cascade; d'après Vernet 1
2272. Une tigresse; d'après Rubens. Gr. Est. 1
2273. La chasse aux ours; d'après Ruthardt. Gr. Est. . 1

Ribera, Joseph, dit l'Espagnolet.

2274. St. Jérôme. (4.) Belle 1
2275. La même Estampe. (4.) Plus faible 1
2276. St. Pierre. (7.) 1
2277. Le Poëte. (10.) Très-belle et rare 1
2278. Repos en Egypte; d'après Charles Saraceno.
Pièce douteuse. Endommagée 1

Ricci, Marc.

2279. Les ruines d'un édifice magnifique. (9.) 1

Ricciani, Ant.

2280. Bas-relief; d'après l'antique. Avant la lettre . . 1

Richardiere.

2281. Vestale, et le pendant: Bacchante 2

Ridinger.

2182. Les singes. Suite compl. numrrotée 1 à 10 . . . 10
2283. Différentes figures et animaux. 10
2284. Divers animaux; d'après H. Roos. Suite compl. . 6
2285. Quatre différens sujets 4
2286. Divers animaux 4
2287. Divers autres animaux 4
2288. Races de chevaux 5

pentir suit. Pendant du précédent; d'après
Prud'hon · · · · · · · · · · · · · · · · · ·   1
2302. Jeune fille enlevée par l'Amour, et le pendant: L'Amour
enseignant à danser à une jeune fille; d'après
Fragonard · · · · · · · · · · · · · · · · ·   2

Roghman, Roland.

2303. Schoonhoven. (1.) Du cabinet Gawet. Belle · ·   1
2304. Vue près de Naerden. (9.) Belle · · · · · · · · ·   1
2305. Vue près de Campen. (12.) · · · · · · · · · · · ·   1
2306. Vue d'Arkel. (16.) · · · · · · · · · · · · · · · ·   1
2307. Vue d'Abcoude. (19.) · · · · · · · · · · · · · · ·   1
2308. Vue d'Ameide, ou ter Mey. (22.) · · · · · · · · ·   1
2309. La colonne. (25.) — Le quartier de rocher. (26.)
Epreuves postérieures · · · · · · · · · · · ·   2
2310. La hotte au pied de l'arbre. (27.) — Le pin. (28.) —
La croix. (29.) Epreuves postérieures · · · · ·   3
2311. La colonne. (25.) — La hotte au pied de l'arbre. (27.)
Epreuves post. — Le pin. (28.) Très-belle.
— Le chariot. (32.) Très-belle, mais endommagée ·   4

Roghman, Gertrude.

2312. Sloterdyck aen de Westkant. (6.) · · · · · · · · ·   1

Rooker, Edw.

2313. Vue du village de Twickenham. — Monument romain à
Igel, dans le duché de Luxemburgh; d'après
Pars ·   2

Romanet, A.

2314. Sujet de conversation; d'après Ochtervelt · · · · ·   1

Romero, J.

2315. Battaglia di Maraton; d'après Sabatelli · · · · · · ·   1

Roos, Jean Henri.

2316. Les moutons et l'arcade en ruines. (11.) Premier
état, avant le numéro · · · · · · · · · ·   1
2317. Le muletier sous la porte. (15.) Premier état,
avant le numéro · · · · · · · · · · · ·   1
2318. Le boeuf, la chèvre et le bélier. (19.) Premier état,
avant les inscriptions et avant l'adresse
de H. Sweerds et le numéro · · · · · ·   1
2319. Les moutons près de la haie. (20.) Premier état,
avant le numéro. Un peu tachetée · · · ·   1
2320. Le pétit château au sommet d'un roc escarpé. (21.)
Premier état, avant le numéro · · · ·   1
2321. Les chèvres et les chevreaux. (22.) Premier état,
avant le numéro. Tachetée · · · · · · ·   1
2322. Le groupe de cinq moutons. (23.) Premier état,
avant le numéro · · · · · · · · · · · ·   1
2323. Le muletier. (24.) Premier état, avant le numéro.
Collée et endommagée · · · · · · · · · ·   1
2324. Les moutons près de la colonne. (25.) Premier état,
avant les inscriptions sur le socle de
la colonne, avant l'adresse de H. Sweerds
et avant le numéro. Très-belle · · ·   1
2325. Le taureau couché. (26.) Premier état, avant le
numéro · · · · · · · · · · · · · · ·   1
2326. Les moutons en repos. (27.) Premier état, avant
le numéro. Très-belle · · · · · · · ·   1
2327. L'âne et les moutons. (28.) Premier état, avant
le numéro. Avec des restaurations · · · ·   1
2328. L'ânesse et le bouc. (29). Premier état, avant le
numéro. Belle · · · · · · · · · · · ·   1
2329. Les moutons au pied de l'arbre. (30.) Premier état,
avant le numéro. Belle. Avec quelques
taches · · · · · · · · · · · · · · ·   1
2330. Différens animaux. (19 — 23). Second état, l'a-
dresse éffacée et avec les numéros · ·   5
2331. Différens animaux. (23. 24. 26. 27. 28. 30.) Second
état · · · · · · · · · · · · · · · ·   6

Rosa, Joseph.

2332. Paysage en haut; sur le devant deux moutons et deux
    chèvres, au fond des ruines; grav. à l'eau-
    forte 1

Rosa ou Rosex. (Nicoleto de Modène.)

2333. Panneau d'ornemens. (54.) La partie inférieure.
    Rare 1

Rosa, Salvator.

2334. St. Guillaume ermite. (1.) 1
2335. Policrates. (10.) 1
2336. Combat de Tritons. (12.) 1
2337. Le Génie de Salv. Rosa. (24.) 1

Rosaspina, F.

2338. Antonio Canova Scultore; d'après Appiani 1
2339. Buste de la Ste. Vierge avec l'enfant Jésus; d'après le
    Guide 1
2340. Jésus Christ mort entouré des Stes. Femmes; d'après
    le Corrège 1
2341. Différens sujets; d'après différens maîtres 5
2342. Thétis; d'après Padovanino. Gr. Est. 1

Rossetti, Dom.

2343. Grand combat d'hommes nuds sur le pont de Venise
    1676. En trois feuilles assemblées . . 1
2344. L'entrée triomphale d'Alexandre le Grand; d'après Lai-
    resse. Gr. Est. 10

Rossi, Jérôme.

2345. Les deux enfans; d'après le Guerchin. (4.) 1

Rota, Martin.

2346. Le massacre des innocens. (1.) Gr. Est. 1

Rotari, Comte Pierre.

2347. St. François adorant le crucifix. Pièce ronde . . 1

Rouschwey.

2348. La Vierge et l'enfant Jésus; d'après Jules Romain . 1

Rousseau, J. F.

2349. Ste. Famille; d'après Van der Werff 1
2350. Apothéoses de Louis IX., Louis X., Hugue Capet et de
    Philippe V.; d'après Cochin 4

Rousselet, C. E.

2351. Ste. Famille; d'après Raphaël 1

Rubens, P. P.

2352. Une femme avec un panier pendu au bras et tenant
    une chandelle à laquelle un jeune garçon en
    veut allumer une autre. Basan Nr. 46. Grav.
    à l'eau-forte par Rubens même et ter-
    minée par Pontius. L'inscription coupée. . 1
2353. La Ste. Vierge avec l'enfant Jésus; d'après Rubens.
    Sans le nom du graveur. En Nimium —
    Dei 1
2354. Jesus, Maria, Joannes, Anna, Joseph; d'après le même.
    Sans le nom du graveur. 1
2355. La présentation au temple. Et tuam-pertransibit. —
    S. Judas Thaddaeus; d'après le même. Sans le
    nom du graveur 2
2356. St. Ignace de Loyola et St. François Xav.; d'après le
    même. Sans le nom du graveur 1

Rugendas, G. P.

2357. Six petites pièces représentant des chevaux, intitulées:
    Capricci di Giorgio Filippo Rugendas.
    1698. Nr. 1 à 6. Suite compl. 6

Sack, François.

2375. Divers paysages, grav. à l'eau-forte, en différentes épreuves · · · · · · · · · · · · · · · 20
2376. Divers autres paysages dto. dto. · · · · 21
2377. dto. dto. dto. · · · · 20
2378. dto. dto. dto. · · · · 20
2379. dto. dto. dto. · · · · 20
2380. dto. dto. dto. · · · · 23
2381. dto. dto. dto. · · · · 21
2382. dto. dto. dto. · · · · 23

Sadeler, Giles.

2383. Marquardus Freherus. Belle · · · · · · · · · · 1
2384. Caesar Caligula. — Aelia Petina. — Lepida. · · · · · 3
2385. Buste d'un vieillard à barbe pointue et en bonnet; d'a-
   près Alb. Dürer · · · · · · · · · · · · 1
2386. La Vierge tenant l'enfant Jésus, assise dans un riche
   paysage où l'on voit sur le devant toutes sortes
   d'animaux; d'après le même · · · · · · · 1
2387. La même Estampe. — L'Adoration des anges à la nativité du Christ; d'après Van Aachen · · · 2
2388. St. Dominique. — Sujets allégoriques · · · · · · 3
2389. Différens paysages; d'après Breughel et Savry · · 6
2390. Le crucifiement; d'après Schwartz · · · · · · · 1

Sadeler, Jean et Marco.

2391. Divers sujets · · · · · · · · · · · · · · · · 3

Saenredam, Jean.

2392. Adam et Eve. Premier état, avant l'adresse · 1

Saft-Leven, H.

2393. La femme trayant la vache. (34.) · · · · · · · 1

Sailliar, Louis.

2394. Birth of Bacchus; d'après Reynolds · · · · · · 1

Saiter ou Scuter, J. G.

2395. David victorieux; d'après le Titien   1

Salimbene, V.

2396. L'Annonciation. (4.) Ancienne Epreuve. Rare .   1

Santis, Horace.

2397. La Ste. Famille. (4.) Second état   1
2398. La même Estampe. (4.) Second état, endommagée.   1

Sandby, Paul.

2399. View of Bridge - North in Shropshire. — Part of the
       old bridge at Shrewsbury   2
2400. The temple at Sunium. — Castello dell' Ovo at Naples   2

Sart, Corneille Du.

2401. Le couple ivre. (7.) Très-belle et rare   1
2402. La ventouse. (12.) Premier état, avant l'adresse
       de Gole   1
2403. La même Estampe. (12.) L'inscription coupée.
       Très-belle   1
2404. Le chirurgien de village. (13.) Premier état, avant
       l'adresse de Gole. Un peu tachetée, mais
       très-belle   1
2405. Le cordonnier renommé. (14.)   1
2406. Le violon assis. (15.) Second état   1
2407. La même Estampe. (15.) Second état   1
2408. La fête de village. (16.) Avec une petite restaura-
       tion   1

Savart, P.

2409. Nicolas Boileau d'Espreaux; d'après Rigaud   1

Scarsello, Jérôme.

2410. Saturne. (2.)   1

2411. Bacchanale d'enfans. (3.) — L'Amour debout sur un dauphin. (4.) Collée 2
2412. La fortune. (6.) Premier état, rare 1

Schaep, M.

2413. Les occupations des Marins. Grav. à l'eau-forte . 10

Schallhas, Charles.

2414. Différens paysages, grav. à l'eau-forte. 10
2415. Différens autres paysages 7
2416. Différens autres paysages, plus grands 5

Schencker, N.

2417. La frayeur maternelle; d'après Schall 1

Schiaminossi, Raph.

2418. La Vierge sur des nues; d'après Barroche. (34.) . 1
2419. La Ste. Vierge; d'après B. Castelli. (36.) 1
2420. Ste. Madelaine; d'après Cangiasc. (91.) 1

Schiavonetti, Louis.

2421. The five Senses. Suite compl., avec le titre 6
2422. Deux enfans avec une masque; d'après Reynolds . . 1
2423. The Dutchess of C. coming out of the cavern; d'après Rigaud 1
2424. La vendeuse de lait; d'après Wheatley 1
2525. La vendeuse de primeroses; d'après le même 1
2426. La vendeuse de maquereaux; d'après le même 1
2427. L'enfant volé est découvert au milieu d'une troupe de Bohémiens; d'après Spilsbury 1
2428. L'enfant perdu retrouvé et le bonheur rendu à sa famille; d'après le même 1
2429. The memorable Adress of Lewis the Sixteenth; d'après Miller. Gr. Est. 1

Schifflin, G. H.

2430. Sujets champêtres; d'après H. Roos 2

Schindler, Jean.

2431. Deux paysages, grav. à l'eau-forte · · · · · · · ·   2

Schleich, Charles.

2432. Deux paysages ornés d'animaux; d'après Wagen-
      bauer · · · · · · · · · · · · · · · · · ·   2

Schlotterbeck, C. J.

2433. Etudes d'arbres, en manière du lavis · · · · · · ·   2

Schmidt, G. F.

2434. Du Bosc, Ministre à Caen. Catalogue de G. F.
      Schmidt par Jacoby. Nr. 25. · · · · · ·   1
2435. Sanadon Noël Etienne de la Comp. de Jésus. Nr. 32.   1
2436. Caylus, Charles Gabr. Evêque. Nr. 40. · · · · · · ·   1
2437. Carolus, Archevêque de Cambray. Nr. 47. · · · · · ·   1
2438. Jean Bapt. Silva, Médecin. Nr. 52. · · · · · · · ·   1
2439. Frédéric III. Roi de Prusse. Nr. 55. · · · · · · · ·   1
2440. Burckhard, J. H., Médecin. Nr. 63. · · · · · · · ·   1
2441. Henry Voguell. Nr. 64. · · · · · · · · · · · · · · ·   1
2442. Antoine Pesne. Nr. 69. · · · · · · · · · · · · · · ·   1
2443. Auguste III. Roi de Pologne. Nr. 71. Belle · · · ·   1
2444. Marie Josephe Reine de Pologne. Nr. 72. Belle .   1
2445. La Mettrie, Médecin. Nr. 76. · · · · · · · · · · ·   1
2446. Esterhazy, Nicolas, Comte. Nr. 78. Premier état,
      avant le burin. Rare. Collée · · · · · ·   1
2447. Le même portrait. Nr. 78. Avec le burin · · · ·   1
2448. Le même portrait. Nr. 78. Avec le burin · · · ·   1
2449. Elisabeth Impératrice des Russies. Nr. 82. Très-
      rare. Gr. Est. tachetée · · · · · · · ·   1
2450. Büsching, Ant. Fréd., Géographe. Nr. 90. · · · · ·   1
2451. Le patriarche à cheval. Nr. 93. c. Rare · · · · ·   1
2452. Buste d'homme; d'après Rembrandt. Nr. 112. · · ·   1
2453. Buste d'un vieillard avec calotte. Nr. 115. · · · ·   1
2454. Buste d'un vieux guerrier. Nr. 116. · · · · · · · ·   1
2455. Buste d'homme en face de moyen âge. Nr. 118. · · ·   1
2456. Vieille femme à mi-corps. Nr. 119. · · · · · · · ·   1

Nr.		Pièecs.

2457. Vieillard habillé en Persan. Nr. 120. 1

2458. Buste d'un vieillard à moustaches. Nr. 121. 1

2459. Portrait d'une jeune femme. Nr. 123. 1

2460. Portrait d'un jeune Seigneur. Nr. 124. 1

2461. Buste d'un homme de moyen âge. Nr. 125. 1

2462. Jeune fille tenant dans les bras un petit chien. Nr. 126. 1

2463. Buste d'un homme âgé avec chaîne. Nr. 127. . . . 1

2464. La Juife fiancée. Nr. 128. 1

2465. Vieillard; d'après Flinck. Nr. 131. 1

2466. La tête du Comte Algarotti. Nr. 133. Troisième état 1

2467. Portrait de Mad. Schmidt en couseuse. Nr. 135. . . 1

2468. Buste de Mad. Schmidt. Nr. 136. 1

2469. Le portrait de Schmidt, dessinant, avec l'araigné.
    Nr. 141. 1

2470. Le portrait de Mad. Schmidt. Dorothée Louise Wiede-
    bandt. Nr. 142. 1

2471. Le buste de J. J. de Schouwalow. Nr. 143. 1

2472. La tête de Mad. Karsch. Nr. 146. 1

2473. Le portrait d'une Dame appelée la princesse d'Orange.
    Nr. 147. 1

2474. Le portrait du Jouaillier Dinglinger. Nr. 148. . . . 1

2475. Portrait d'un jeune homme, peut-être de Rembrandt.
    Nr. 150. 1

2476. Portrait de Rembrandt dans son moyen âge. Nr. 151. 1

2477. Le prince d'Orange, Guillaume II., à qui Cats explique
    un trait de l'histoire de ses ancêtres. Nr 152. 1

2478. Une vieille femme, appelée communément la mère de
    Rembrandt. Nr. 153. 1

2479. La Vierge priant; d'après Sasso-Ferrato. Nr. 163. 1

2480. La resurrection de la fille de Jaïre. Nr. 165. . . . 1

2481. Le philosophe dans sa grotte. Nr. 166. 1

2482. St. Pierre après le reniement de son maître. Nr. 170. 1

2483. Loth avec ses filles. Nr. 173. 1

2484. La Ste. Vierge avec l'enfant Jésus et le petit St. Jean.
    Nr. 176. 1

2485. Le vieux Tobie raillé par sa femme. Nr. 177. . . . 1

Schmidt, Jos.

2486. La pièce de cent florins; d'après Rembrandt 1

paysage. Pièce avec le monogramme de
Schongauer   1

Schönfeldt, J. H.

2506. Un philosophe en profonde méditation, assis dans un
désert, entouré de ruines; grav. à l'eau-
forte   1

Schüller.

2507. Différens sujets   8

Schultze, C. G.

2508. Une fille assise avec un chien dans les bras; d'après
Hutin   1

Schumer, Jean.

2509. Vue d'une prairie, où l'on voit trois vaches et deux
moutons, grav. à l'eau-forte d'une pointe
spirituelle. Belle Epreuve et très-
rare. Avec quelques petites taches   1

Schytz.

2510. Des ruines et des monumens   4

Scorodomoff, Gabriel.

2511. The parting of Abelard and Eloisa ; d'après Ang.
Kauffman   1

Scott, Edm.

2512. Tom Jones taking Molly Seagrim from the Constable;
d'après Morland   1

Scotti, A. M.

2513. Divers paysages; d'après Weyrotter etc.   3

Scotto, G.

2514. La Vierge avec l'enfant Jésus sur des nues; d'après
Raphaël. Avant toute lettre.   1
2515. David avec la tête de Goliath; d'après le Caravage   1

Seele.

2516. La retraite des Français. Grav. à l'eau-forte . .   1

Seguin, T.

2517. L'Amour et l'Innocence, et le pendant: L'Amour instruit
l'Innocence; d'après L'Alban   2

Selliers.

2518. Buste d'un vieillard et d'une vieille; d'après Boissieu   1

Selma, Fernando.

2519. St. Ildephonse recevant une chasuble des mains de la
Ste. Vierge; d'après Murillo. Gr. Est. . .   1

Sericcus, Ph.

2520. Ste. Famille; d'après Michel-Ange   1

Serwouters, Pierre.

2521. Récréation de paysans devant une auberge: Qui semel
— zongen; d'après D. Vinckenbooms.
Corn. Jansen exc. Pièce rare   1
2522. Le mari qui habille sa femme de ses bas; d'après le
même. Belle et rare · · · · · · · · · · ·   1

Seyffer, A. F.

2523. Paysages, grav. à l'eau-forte; d'après Molitor. .   5
2524. Paysages; d'après Gelée et Molitor   3

Sharp, William.

2525. The holy Family; d'après Reynolds. Gr. Est. . .   1

2526. King Charles the II. landing on the Beach at Dover;
       d'après **West**. Collée sur toile   1
2527. Oliver Cromwell dissolving the long Parliament; d'a-
       près le même. Pendant du précédent par
       Hall. Collée sur toile   1
2528. The sortie made by the Garrison of Gibraltar in the
       morning of the 27 of November 1781; d'après
       Trumbull. Gr. Est.   1

Sherwin, J. K.

2529. Jésus paroissant à la Madelaine en jardinier; d'après
       R. Mengs   1
2530. Meditation, et pendant   2
2531. The death of Lord Robert Manners; d'après **Stothard**   1

Simon, Pierre.

2532. The three holy children; d'après **Peters**   1

Simonet, J. B.

2533. Henry IV. chez le meunier; d'après **Moreau** . . .   1

Sintzenich, Henri.

2534. Raphaël Mengs. — Sophonisbe   2
2535. La Vierge et l'enfant Jésus. — Zemire. — Comedy . .   3

Sirani, Elisabeth.

2536. Ste. Famille. (8.) — Repos en Egypte. (4.)   2
2537. Ste. Famille. (8.) Second état   1

Skelten, William.

2538. The Angels appearing to the Shepherds; d'après **Stot-**
       hard. La lettre ouverte   1

Smith, A.

2539. The surrender of Calais; d'après **Smirke**   1

Smith, B.

2540. Shakespeare nursed by Tragedy and Comedy; d'après
     Romney ·   1

Smith, J. R.

2541. Domestic happiness. — The elopement. — Dressing for
     the masquerade. — The fair penitent; d'après
     Morland ·   4
2542. Charlotte at the tomb of Werter · · · · · · · · · · ·   1

Smith, W.

2543. Paysage; d'après Taylor · · · · · · · · · · · · · · · ·   1
2544. Autre paysage; d'après le même · · · · · · · · · ·   1

Soiron, F. D.

2545. St. James's Park; d'après Morland · · · · · · · · ·   1

Sompel, P. van.

2546. Ixion trompé par Junon; d'après Rubens. Basan
     pag. 92. Nr. 18. Valk exc. · · · · · · · · · ·   1

Soutman, P.

2547. Jésus Christ pris dans le jardin des olives; d'après
     Van Dyck ·   1
2548. Jésus Christ au tombeau; d'après Rubens. Basan
     pag. 36. Nr. 107. Collée · · · · · · · · · · · ·   1
2549. Vénus couchée; d'après le Titien. Tachetée · · · ·   1

Speer, M.

2550. La nativité de Jésus Christ. — La peste · · · · · · ·   2

Speranza, Vittorio.

2551. Clizia; d'après Ann. Carrache · · · · · · · · · · · · ·   1

Spier, François.

2552. Jésus Christ en croix; d'après Bernini · · · · · · · · · 1

Spreng, Ant.

2553. St. Florian, deux compositions; grav. à l'eau-forte 2

Star, Thierry van.

2554. Jésus Christ appellant à lui St. Pierre et St. André
1523. (3.) Rare · · · · · · · · · · · · · 1

Stark, C.

2555. Différens paysages, grav. à l'eau-forte · · · · · · 7

Steen, Franciscus van den.

2556. Ste. Famille; d'après Van den Hoecke · · · · · · 1
2557. Silène ivre soutenu par une femme et un homme · · · 1

Stöber, Jos. et François.

2558. Pallas; d'après Lenz. — Paysage · · · · · · · · · 2

Stoop, Thierry.

2559. Différens chevaux. (1.) Premier état avec l'a-
dresse de Cl. de Jonghe. Avant le nu-
méro. Rare · · · · · · · · · · · · · 1
2560. dto. dto. (2.) Premier état, avant le numéro 1
2561. dto. dto. (3.) dto. dto. dto. 1
2562. dto. dto. (4.) dto. dto. dto. 1
2563. dto. dto. (6.) dto. dto. dto. 1
2564. dto. dto. (7.) dto. dto. dto.
Avec une petite tache · · · · · · · · · · 1
2565. dto. dto. (8.) dto. dto. dto.
Avec une tache au bas · · · · · · · · · · 1
2566. dto. dto. (9.) dto. dto. dto.
Avec une tache au coin gauche · · · · · · · 1
2567. dto. dto. (10.) dto. dto. dto. 1

2568. Différens chevaux. (11.) Premier état, avant
        le numéro · · · · · · · · · · · · · · · · · ·   1
2569. dto.   dto.   (12.) dto.   dto.   dto.   1
2570. Les mêmes Estampes. (1 — 12.) Second état,
        avec l'adresse de F. de Wit et avec les
        numéros. Suite compl. · · · · · · · · · ·   12
2571. Les mêmes Estampes. (1 — 12.) Troisième état,
        l'adresse de F. de Wit éffacée. Suite
        compl. · · · · · · · · · · · · · · · · · ·   12

Storer, Christophe.

2572. Bacchanale, grav. à l'eau-forte. Rare · · · · · ·   1

Strange, R.

2573. Esther, a suppliant before Ahasuerus; d'après le
        Guerchin   1
2574. L'ange gardien; d'après le Guide   1
2575. Belisarius; d'après Salvator Rosa   1
2576. Cupido; d'après Schidone   1
2577. Cupidon debout, son arc dans la main droite; d'après
        Vanloo   1
2578. Vénus; d'après le Titien   1
2579. Danae; pendant de la precédente; d'après le même   .   1

Stubbs, G. T.

2580. The Lincolnshire Ox   1

Stubenrauch, Phil.

2581. Buste d'un vieillard, grav. à l'eau-forte; d'après
        Rembrandt   1

Suavius, Lambert.

2582. Apôtres   5

Sullivan, Luke.

2583. Vue de Ditchley dans la comté d'Oxford. — Vue de

Nr.   Pièces.

Wilton dans la comté de Wilts. — Vue de
Cliefden dans la comté de Buckingham . . .   3

2584. Vue de Woobourn dans la comté de Surry. — Vue
d'Oatlands dans la comté de Surry. — Vue
d'Esher dans la même comté   3

Suntach, A.

2585. Leda. — Ebe. — Silène. — Mercure. — Apollon et
Marsyas; d'après Raphaël   5

Surugue, Louis.

2586. Joseph Christophe de Verdun, Peintre; d'après Drouais.
Collée   1

Suyderhoef, J.

2587. Gillis de Glarges; d'après Mirevelt   1
2588. Johannes Hoornbeeck. Premier état, avec l'a-
dresse de Pieter Goos. Belle   1
2589. Fridericus Spanhemius   1
2590. Les quatre Bourguemestres d'Amsterdam; d'après
Keyser. Collée   1
2591. La paix de Munster; d'après Terbourg. Gr. Est.   1
2592. Jésus Christ mis au tombeau; d'après Carravaggio   1
2593. Paysage; d'après Berghem. Les marges coupées et
collée   1
2594. Trois paysans assis, dont l'un joue du violon; d'après
Ostade. Pièce appellée: Jean de Moff. C.
Visscher exc.   1
2595. Deux paysans dans un cabaret et au fond une paysanne; d'après le même. De Wit exc. . . .   1
2596. Troupe de paysans assise devant un cabaret, s'amusant
à fumer, pendant qu'une vieille leur verse à
boire; d'après le même. Belle   1
2597. La colère des buveurs, pièce communément appellée:
Le coup de couteau; d'après le même.
Clem. de Jonghe exc. Belle. Les marges
au haut et des deux cotées coupées jusqu'au bord.   1

2598. La même Estampe	1

Swanevelt, Herman.

2599. St. Jean Baptiste dans le désert. (34.) C. Losi exc.	1
2600. Titre. (58.) L'inscription est découpée et remplacée par du papier blanc	1
2601. Les bains Antonins. (55.) Premier état, Herman van Swanevelt fecit et excudit. Belle	1
2602. St. Adrien sur la voie Flaminienne. (59.) Second état	1
2603. Ferme hors la porte, dite del Popolo. (60.) Premier état. Belle, mais avec une tache . .	1
2604. Vigne du pape Jules. (61.) — Première vue de Zugro. (62.) Second état.	2
2605. Second vue de Zugro. (63.) Premier état. Avec quelques taches	1
2606. Troisième vue de Zugro. (64) Premier état, belle	1
2607. Vue hors la Porte, dite Pia. (65.) Second état · ·	1
2608. Le jeune Tobie. (68.) — Elie dans le désert. (69.) · ·	2
2609. Salmacis et Hermaphrodite. (71.) L'adresse de Rossi éffacée · · · · · · · · · · · · · · ·	1
2610. Suite de quatre paysages. (77 — 80.) Suite compl. Second état · · · · · · · · · · · · · ·	4
2611. Le petit pont de bois. (82.) Second état · · · · ·	1
2612. La même Estampe. (82.) Second état: à Paris chez Mondhare · · · · · · · · · · · · ·	1
2613. Le Cardinal. (83.) Premier état. Un peu endommagée · · · · · · · · · · · · · · · ·	1
2614. Le Cardinal. (83.) — Les ruines en amphithéâtre. (84.) Second état · · · · · · · · · · · · ·	2
2615. La dame au parasol. (85.) Premier état · · · · · ·	1
2616. La même Estampe. (85.) Premier état, avec des faibles taches · · · · · · · · · · · · ·	1
2617. Le salut. (86.) Premier état. Avec des faibles taches · · · · · · · · · · · · · · ·	1
2618. La dame au parasol. (85.) — Le salut. (86.) Second état · · · · · · · · · · · · · · ·	2
2619. L'hôpital. (87.) Premier état. Belle · · · · · ·	1

Taylor, C.

Testa, A.

Testa, César.

elle l'enfant Jésus. — Le corps mort de Jésus
Christ   2
2640. La communion de St. Jérôme; d'après le Dominiquin   1

Testa, Pietro.

2641. Portrait de Pietro Testa. (1.)   1
2642. Abraham prêt à sacrifier son fils. (2.)   1
2643. Les Mages adorant Jésus Christ. (3.) Premier état,
avant l'adresse   1
2644. Les serviteurs de Sinorix rapportant dans son char,
leur maître qui vient d'être empoisonné par
Camma dans le temple de Diane. (19.)   1
2645. La Peinture assise au milieu des plus habiles maîtres
de l'art etc. (29.)   1

Testolini, G.

2646. Anfiteatro detto l'Arena di Verona   1
2647. The Dutchess of C. giving her daughter to Count Bel-
mire   1

Tiepolo, Jean Dom.

2648. Différens bustes d'hommes, grav. à l'eau-forte . .   6
2649. Autres bustes d'hommes   7

Tinti, Cam.

2650. Le martyre de St. Pierre; d'après le Guide   1

Titien, Vecellio.

2651. La Ste. Vierge. (1.) Meyssens excud. Belle et
rare   1

Tomba, G.

2652. Rosaspina's Zeichnungsschule   1

Tomkins, P. W.

2653. Emily. — Louisa; d'après Nixon · · · · · · · · · ·   2

2654. Chastity. — He sleeps · · · · · · · · · · · · · ·   2

2655. Mirande et Ferdinand; d'après Ang. Kauffman · · ·   1

2656. Florizel and Perdita; d'après Harding · · · · · · ·   1

2657. Sir Andrew Aguecheck, Sir Toby Belch and the Clown;

        d'après Bunbury · · · · · · · · · · · · · ·   1

Torre, Flaminio.

2658. L'Amour et Pan; d'après Aug. Carrache. (7.) · · ·   1

Touvenin.

2659. La Rencontre de l'Amour et de l'Amitié; d'après Ca-

        zenave · · · · · · · · · · · · · · · · · · ·   1

2660. Autant en emporte le Vent; pendant du précédent · ·   1

Triva, Ant. — Troger, Paul.

2661. Repos en Egypte. (2.)   Remondini exc. — Sujet

        saint ·   2

Unterberger, Ignace.

2662. Monument du Prince Kaunitz · · · · · · · · · · · ·   1

2663. La nuit. Avant la lettre · · · · · · · · · · · · · ·   1

Uytenbrouck, Moïse.

2664. Agar dans le désert. (5.)   Second état. C. J. Vis-

        scher exc. · · · · · · · · · · · · · · · · · · ·   1

2665. Mercure s'entretenant avec Argus. (19.) · · · · · ·   1

2666. Argus occupé des soins de ses troupeaux. (20.) · · ·   1

2667. Argus priant Mercure de rester avec lui. (21.) Ta-

        chetée ·   1

2668. Mercure endormant Argus. (22.) · · · · · · · · · ·   1

2669. Battus trahissant le secret de Mercure. (27.) Uyten-

        brouck exc. · · · · · · · · · · · · · · · · · ·   1

2670. Mercure punissaut Battus de son indiscrétion. (28.)
         Uytenbrouck exc.   1
2671. Mercure et Battus. (29.) Uytenbrouck exc. . . .   1
2672. Femme au bain. (38.) Second état. Day exc. . .   1
2673. Les vaches. (41.)   1
2674. Les chèvres. (43.)   1
2675. Les bergers de l'Arcadie. (45.) Second état. Day
         exc.   1
2676. Le berger et la bergère. (48.) Premier état. Uy-
         tenbrouck exc. Belle et rare.   1
2677. Le voyage de Jacob en Canaan. (57.) Second
         état.   1

Vangelisti, Vincent.

2678. Pyrame et Thisbé; d'après le Guide. Collée . . .   1

Vanni, François.

2679. St. François d'Assise méditant. Attribuée à F. Vanni.
         Rare   1

Varelen, T. E. van.

2680. Des chevaux et des vaches. Grav. à l'eau-forte .   6

Vasquez, Bart.

2681. La Pastorcita de Zurbaran. Belle et rare . . .   1

Velde, Adrien van de.

2682. Différens animaux. (1 — 10). Just. Danckers exc.
         Suite compl. Premier état, avec l'a-
         dresse, et les planches non nettoyées.
         Très-belle et très-rare 10
2683. Les mêmes Estampes. (1 — 10.) Second état. L'a-
         dresse de Just. Danckers éffacée. Suite
         compl. 10

Velde, J. van de.

2684. Les quatre Elémens. Suite compl.   4

2685. La nuit. — Le midi   2
2686. L'Etoile des Rois; d'après Molyn. Effet de nuit.
      Avant l'adresse de Visscher. Très-
      belle et rare du cabinet Gawet. L'in-
      scription du bas coupée   1
2687. Plusieurs personnes attroupées autour de deux enfans
      qui dansent. Effet de nuit; d'après le même.
      Très-belle et rare du cabinet Gawet.
      Signée par Gawet et Rechberger. L'in-
      scription du bas coupée   1
2688. La faiseuse de Koucks. Très-belle   1

Vendramini.

2689. Simplicity. — Adonis se préparant pour la chasse . . .   2
2690. Cries of London. Plate 7th.   1

Verkoljé, N.

2691. Deux petits chiens qui jouent   1

Vermeulen, C.

2692. Portrait de Bardo Bardi Magalotti; d'après Largil-
      lière   1

Viani, Jean Marie.

2693. St. François; d'après Louis Carrache. (2) . . .   1

Vico, Enée.

2694. Les Lapithes combattant contre les Centaures qui veulent
      enlever Hippodamie. (30.) Copie A. Collée .   1
2695. Les orgies ou fêtes de Bacchus. (33.) Belle, mais
      avec une petite tache   1
2696. Sujet d'une des histoires fabuleuses d'Albert d'Eyb. (46.)
      Ant Sal. exc   1
2697. Dessin d'habillement. (219.)   1
2698. Différens vases dessinés d'après l'antique. (421. 423.
      425. 437.)   4

Viel ou Viehl, Pierre.

2699. Diane au bain; d'après Metay. Belle 1

Villamena, François.

2700. La descente de croix; d'après Barroche. Carlo Losi
        1773 1

Vincent, Hub.

2701. Sujet saint; d'après Bapt. Lenardi 1

Visscher, Corneille.

2702. Vondelius, tenant un papier de sa main etc. 1
2703. L'Antiquaire; d'après Corrège. Très-belle, mais
        les marges ajoutées 1
2704. Femme vue en buste, la main sur la poitrine; d'après
        Parmesan 1
2705. L'ange qui ordonne à Abraham de quitter son pays; d'a-
        près Bassan. Premier état, avant les
        mots de l'ange. Tachetée et les marges cou-
        pées 1
2706. Abraham étant arrivé à Sichem etc.; d'après le même.
        Premier état, très-belle. Les marges coupées 1
2707. Un homme et une femme rustiques près d'une table; d'a-
        près Ostade. Valk exc. 1
2708. Deux paysans et une paysanne buvant; d'après le même.
        Les marges coupées 1
2709. La Fricasseuse. Premier état, avant l'adresse
        de N. Visscher. Belle 1
2710. Un chat accroupi, derrière lequel est un rat. C. Vis-
        scher exc. Belle 1

Visscher, Jean.

2711. Intérieur de chaumière où l'on voit à droite au milieu
        de plusieurs buveurs, un paysan embrassant une
        femme couronnée de fleurs, et à gauche un joueur

de violon et un petit garçon jouant de la vielle;
d'après Ostade. Premier état, avant que
la planche fut coupée en deux mor-
ceaux · · · · · · · · · · · · · · · · · ·   1

2712. Le bal; d'après Berghem. Justus Danckerts
exc. · · · · · · · · · · · · · · · · · · ·   1

2713. Le Tatonneur; d'après Ostade. F. de Witt exc.
Très-belle · · · · · · · · · · · · · · ·   1

2714. Trois paysans dans un cabaret; d'après Brouwer.
Clem. de Jonghe exc. Promi — condi · · ·   1

2715. Paysan et paysanne près d'un feu; d'après le même.
Suus — olet · · · · · · · · · · · · · · ·   1

2716. Aurora; d'après Berghem. Collée et les marges coupées · · · · · · · · · · · · · · · · · · ·   1

2717. Vesper; d'après le même. Collée et les marges coupées · · · · · · · · · · · · · · · · · · ·   1

2718. Nox; d'après le même. Les marges coupées · · · ·   1

2719. Bergère qui trait une chèvre; d'après le même. P.
Schenk exc. — Villageois sur un âne et une
jeune fille à pied au bord d'une rivière etc.;
d'après le même. Avant l'adresse · · · ·   2

2720. Conducteurs de mulets et pendant; d'après le même.
Sans adresse · · · · · · · · · · · · · · ·   2

2721. Quatre petits paysages; d'après Van Goyen · · ·   4

2722. Tente de vivandier, devant laquelle des cavaliers s'amu-
sent à boire; d'après Wouwermans. —
Autre tente de vivandier, devant laquelle des
cavaliers se divertissent, au milieu un trom-
pette sonne de son instrument; d'après le même.
Schenck exc. · · · · · · · · · · · · ·   2

Vitalba, G.

2723. St. Joseph et l'enfant Jésus; d'après le Guerchin · · · · · · · · · · · · · · · · · · ·   1

Vittinghoff, C.

2724. Divers animaux et paysages, grav. à l'eau-forte ·   43

Vivares, F.

2725. Pièce d'architecture, à gauche près d'une fontaine deux
filles; d'après Visentini. Premier état,
avant l'adresse de Wagner 1

2726. La même Estampe et le pendant, avec l'adresse de
Wagner 2

2727. Deux autres pièces d'architecture; d'après le même . . 2

2728. Deux hommes, une femme et un chien près de ruines
antiques; d'après Ferg 1

2729. Pendant de la précédente; d'après le même 1

2730. Groupe de Nymphes et un Satyr dans un paysage;
d'après le même 1

2731. The dutch fishermen; d'après Van Goyen 1

2732. View of Hopping Mill Ware; d'après Smith 1

2733. Grand paysage où l'on voit le Centenier implorant le
secours du Sauveur; d'après Mielly 1

2734. Grand paysage, orné de figures; d'après Lambert . . 1

Vivier, G. de.

2735. La tentation de St. Antoine; d'après Heuvel, grav.
à l'eau-forte. Dumesnil. P. Grav. Fran-
çais. Vol. III. pag. 110. Nr. 3. 1

Vlieger, Simon de.

2736. La forêt claire. (3.) Ancienne Epreuve. 1

2737. L'auberge. (8.) Faible, mais rare 1

2738· Le cheval de traineau. (14.) 1

2739. Les chèvres. (19.) 1

2740. Le chien enchaîné. (20.) 1

Vliet, J. G. van.

2741. Loth et ses filles; d'après Rembrandt. Catalogue
de Rembrandt par Bartsch. Vol. II. pag.
65. Nr. 1. Premier état, avant l'année éffacée. Belle, mais avec quelques restaurations 1

2742. St. Jérôme; d'après le même. (13.) Collée et les
     marges coupées   1
2743. St. Jérôme. (14.) Rare. Visscher exc.   1
2744. L'Odorat. (29.)   1
2745. La Vue. (31.)   1
2746. Le Sculpteur. (32.)   1
2747. Le Charpentier. (36.)   1
2748. Le Vannier. (37.)   1
2749. Le Faiseur de balais. (38.) Danckers exc. . . .   1
2750. Le Ferblantier. (39.)   1
2751. Le Cordonnier. (41.)   1
2752. Le Voilier. (42.)   1
2753. Le Chapelier. (43.)   1
2754. Le Boulanger. (47.)   1
2755. Le Tonnelier. (48.)   1
2756. Suite de différentes figures seules. (59. 65. 69. 72.) .   4
2757. Différens gueux ou mendians. (73. 75. 76. 77. 79. 81.) .   6
2758. Un homme couvert d'un manteau court et ayant sur
     la tête un bonnet orné d'une plume. (86.)
     Belle   1

Volpato, J.

2759. Moïse trouvé dans le Nil; d'après Amiconi   1
2760. Primavera; d'après Zuccarelli   1
2761. Estate; d'après le même   1
2762. Inverno; d'après Zais   1

Vorsterman, L.

2763. Le Connétable de Bourbon; d'après le Titien. Cum
     privil. Reg. exc. Belle   1
2764. Ambrosius Spinola; d'après Van Dyck. Martin van
     den Enden exc. Premier état. Tache-
     tée   1
2765. Ambrosius Spinola. Vorsterman sculps. A^{nt} van
     Dyck pinx. cum privilegio. — Franciscus
     de Moncada; d'après le même   2
2766. Lucas van Uden; d'après le même. Vorsterman
     sculp. cum privilegio   1

2767. Portrait d'homme: Quam — fuit — Constanter 1

2768. Ste. Famille; d'après Raphaël. Veniat — Suorum. Rafael Urbinus pinxit. Cum Privileg. 1

2769. La Ste. Vierge debout sur une estrade avec l'enfant Jésus adoré par un pélerin et une pélerine; d'après Carravage. Endommagée 1

2770. Sta. Barbara; d'après Rubens. Basan Nr. 7. P. P. Rubens inv. Vorsterman exc. cum privileg. 1

Wael, Jean Bapt. de.

2771. L'enfant prodigue. (Citée par Bartsch, Vol. V. pag. 3.) 1

2772. Le chariot. (4.) — Le joueur de corne-muse. (9.) Tachetée 2

Walker, Will.

2773. Sir Balthazar Gerbier and his Family; d'après Van Dyck 1

2774. A Turkish Mosque; d'après Collins 1

Ward, W.

2775. Annete and Lubin; d'après Smith 1

Waterlo, Antoine.

2776. L'hermitage. (4.) Premier état, avant le numéro 2. et moins travaillée 1

2777. Le rocher percé. (3.) — La petite cascade. (5.) . . . 2

2778. Suite de douze Estampes. (7 — 12. 15. 16.) 8

2779. Le départ de deux pécheurs. (25.) — Les deux vaches dans le bac. (26.) — Le troupeau et l'homme à cheval sur le pont. (28.) 3

2780. La femme sur le petit pont de bois. (34.) — Le troupeau de moutons traversant l'eau. (35.) — Les deux garçons et leur chien au bord de l'eau. (36.) 3

2781. L'homme et la femme au pied du chêne. (41.) — L'ânier.

(48.) — La chapelle avec l'escalier. (51.) —
    Le pont de planches. (52.)   4

2782. La maison garnie de verdure. (54.) — Les deux hommes
    à la barrière. (56.) — Le voyageur et son chien.
    (60.) — Les deux cavaliers. (63.)   4

2783. Les deux cavaliers. (63.) Premier état   1

2784. Les deux garçons et le chien abboyant. (64.) — Le pay-
    san sur le chemin large. (69.) — La double
    cascade. (71).   3

2785. Le rocher stérile. (73.) Belle. — Le village dans la
    vallée. (93.)   2

2786. Les parties de bois nouvellement coupées (108.) Collée
    et endommagée. — Les deux hommes dans le
    creux. (112.) - La paysanne et la fille sur le
    petit pont de bois. (114.)   3

2787. Le chemin à travers du bois. (115.) — La ferme au
    bord de l'eau. (116.)   2

2788. Le cavalier près de la haie. (117.) Collée. — Le ber-
    ger endormi sur le monticule. (118.)   2

2789. Le moulin. (119.) Belle. Avec deux taches   1

2790. Le petit pont traversant le ruisseau. (124.)   1

2791. Apollon et Daphné. (126.)   1

2792. Mercure et Argus. (127.)   1

2793. Le village au moulin à eau. (10.) — Les deux hommes
    dans le creux. (112.) Endommagée. — La
    pièce douteuse   3

Watson, Th.

2794. St. Caecilia; d'après Reynolds   1

2795. Bazil Lauretta and Luzy. — Les oyes de frère Philippe   2

Watts, W.

2796. Gloddaeth. — Croceregal Abby. — Bleach works at
    Llewenni. — New Castle near Tullymore. —
    Abbey at Noas. — Franciscan Abbey in Cashel   6

Weiner, Jean.

2797. Ecce homo, grav. à l'eau-forte   1

2798. Le portement de croix   1

Weirotter, François Edm.

Weiss, D.

Wells, J.

Wenceslas d'Olmutz.

Whessell, J.

Wierx, Jérôme.

2816. Sujets saints   3

Wilkin, C.

2817. Fille endormie, et pendant   2
2818. Cornelia and her children; d'après Reynolds   1

Wille, Jean George.

2819. Carolus Walliae Princeps; d'après Tocqué   1
2820. Fréderic II. Roi de Prusse; d'après Pesne   1
2821. Jean Baptiste Massé; d'après Tocqué. Belle . . .   1
2822. Joseph Parrocel; d'après Rigaud   1
2823. Le petit Physicien; d'après Netscher   1
2824. La ménagère hollandaise; d'après Douw   1
2825. La liseuse; d'après le même   1
2826. La dévideuse, mère de Douw; d'après le même . . .   1
2827. Gazettière hollandaise; d'après Terburg.   1
2828. La cuisinière hollandaise; d'après Metzu   1
2829. Instruction paternelle; d'après Terburg   1
2830. La mort de Marc Antoine; d'après Battoni   1
2831. Mort de Cléopatre; d'après Netscher   1

Willmann, M.

2832. Buste d'homme dessinant. Le portrait de M. Will-
      mann. Rare   1
2833. Vieillard assis en méditation   1
2834. Un Empereur romain à cheval entouré de plusieurs
      hommes. Collée.   1
2835. Arbre généalogique de Jésus. Collée   1
2836. L'assomption de la Vierge   1
2837. La même Estampe. Collée et tachetée   1

Wilson, Benj.

2838. Arabs of distinction. — The holy sepulchre. — Nor-
      wegians   3

Winstanley, Hamblet.

2839. Hagar et Ishmaël; d'après Salvator Rosa 1
2840. Deux moutons dans un paysage; d'après Castiglione 1

Woeiriot ou Voeiriot, Pierre.

2841. Le tyran Phalaris, fait enfermer Perillus dans le ven-
tre du taureau d'airain pour être brulé vif; d'a-
près Peruzzi 1
2842. La femme d'Asdrubal, se brulant toute vive avec ses
deux enfans dans ses bras; d'après le même . 1

Woollett, W.

2843. La mort du Général Wolfe; d'après West. Retouchée 1
2844. La même Estampe. Copie 1
2845. Paysage orné de figures; d'après G. Poussin. Sold
by W. Woollett, Charlotte Street,
Rathbone Place. London, grav. par
Wollett et Browne. Belle 1
2846. Tobias and the Angel; d'après Glauber et Lairesse
Première adresse: J. W. Woollett. Nr. 1.
North Street Rathbone Place. London.
Belle 1
2847. Paysage, orné de fabriques et de bergeries. Le devant
offre des eaux au bord desquelles se voient
trois peintres, les trois frères Smith; d'après
G. Smith. Published according to act
of Parliament June 14. 1762 by J. Boydell 1
2848. The temple of Apollo; d'après Gelée. J. Boydell exc. 1
2849. A View of Coombank near Sevensak in Kent 1
2850. A View of part of the Garden at Hall-Barn in Bucking-
hamshire 1
2851. A View of the Great Room at Hall-Barn 1
2852. A View of Foots-Cray Place in Kent 1
2853. A View of the House and Part of the Garden of Sir
Francis Dashwood 1

Nr.   Pièecs.

2854. A View of the Canal and of the Gothick Tower in the Garden of the Duke of Argyl at Whitton . . 1

2855. A View of the House and part of the Garden of the Duke of Argyl at Whitton 1

Worthington, W. H.

2856. Children brought to Christ; d'après Stothard. Avant toute lettre sur papier de la Chine. Très-belle 1

2857. La même Estampe avec la lettre 1

2858. The cotter's Saturday-Night; d'après le même. Belle 1

Wrenk, F.

2859. Josephus Gabriel Füger; d'après H. Füger 1

2860. Leopold Graf von Thun 1

2861. Gorgo dissuadant son père Cléomène des conseils belliqueux d'Aristagoras; d'après Caucig. Gr. Est. 1

2862. L'Amour et Psyché; d'après Maurer. Gr. Est. . . 1

2863. Jupiter et Mercure recevant l'hospitalité de Philémon et Baucis; d'après Van den Hoeck. Avant toute lettre. Collée. Gr. Est. 1

2864. La Caverne; d'après Vernet. Gr. Est. 1

Wyck, Thomas.

2865. Les joueurs. (2.) 1

2866. La couseuse. (3.) 1

2867. L'homme ajustant sa chaussure. (4.) 1

2868. La même Estampe. (4.) Coupée à droite et en haut 1

2869. Les cuisinières près du puits. (13.) 1

2870. La femme portant deux paniers. (14.) 1

2871. Le marchand oriental. (15.) 1

Zaal, J.

2872. La chasse au sanglier; d'après Snyders. Belle. Gr. Est. 1

Zatzinger ou Zink, Martin.

2873. Salomon adorant les idoles. (Vol. VI. pag. 371. — 1.) Ancienne Epreuve. Rare · · · · · · · ·   1
2874. La Vierge. (2.) Ancienne et belle Epreuve · · ·   1
2875. Le martyre de St. Sébastien. (4.) · · · · · · · · · ·   1
2876. La décollation de Ste. Cathérine. (8.) Collée et endommagée, mais belle · · · · · · · · · · · · ·   1
2877. Ste. Ursule. (10.) · · · · · · · · · · · · · · · ·   1
2878. L'embrassement. (15.) Très-belle · · · · · · · ·   1
2879. Lueur et obscurité. (21.) Original. Rare et très-belle. — La même Estampe. (21.) Copie · ·   2
2880. La même Estampe. (21.) Copie · · · · · · · · · · ·   1

Zeeman, Reinier.

2881. Vue de dedans de la ville d'Amsterdam. (51.) · · · · ·   1
2882. De Appelmarkt. (52.) · · · · · · · · · · · · · · · ·   1
2883. Bataille navale. (100.) · · · · · · · · · · · · · · ·   1
2884. Bataille navale. (104.) Premier état de la grande planche. Très-belle. Un peu restaurée dans l'air ·   1
2885. La même Estampe. (104.) Second état · · · · ·   1
2886. Marine. (107.) Allard Tooker exc. · · · · · · ·   1
2887. Autre marine. (109.) Troisième état · · · · · ·   1
2888. dto.   dto.   (111.)   dto.   dto. · · · · · ·   1
2889. dto.   dto.   (112.)   dto.   dto. · · · · · ·   1
2890. dto.   dto.   (115.)   dto.   dto. · · · · · ·   1

Zimbal, J. J.

2891. Différens sujets, grav. à l'eau-forte · · · · · · ·   3

Zingg, Adrien.

2892. Les bergères; d'après Dietrich · · · · · · · · · ·   1
2893. Première vue d'Autriche; d'après Brand · · · · · ·   1
2894. Seconde vue d'Autriche; d'après le même · · · · · ·   1
2895. Golfe près de Naples; d'après Mettay · · · · · · ·   1
2896. Port près de Naples; d'après le même · · · · · · · ·   1

Zuliani, Félix.

2897. Portrait de Martin Luther; d'après Matteini · · · · ·   1

DESSINS ORIGINAUX.

Duttenhofer. Deux petits paysages. —
Du Vivier. Groupe de quatre vaches dans
l'eau   5

2920. Delare. Un paon et deux dindons; lavé à l'encre de la
Chine. — Ender, Th. Esquisse d'un paysage   2

2921. Ender, Th. Paysage; au crayon noir. — Fischer,
Jos. Esquisse d'un paysage; au crayon noir .   2

2922. Fischer, Jos. Paysages; lavés au bistre   2

2923. Gawet, F. Paysage; à la mine de plomb. — Grünner.
Sujet mythologique   2

2924. Gauermann, le père. Paysage; lavé au bistre. —
Paysage; en couleurs   2

2925. Gutaleck. Sujets historiques et de conversation . .   3

2926. Höchle, Jean. Tête d'un taureau; à la plume. —
Petit paysage; en couleurs   2

2927. Harms, J. O. Ruines. — Holbein, Th. Paysage; au
crayon noir. — Hulsebom. Marine; lavé à
l'encre de la Chine   3

2928. Hetzendorf, F. K. Buste d'un paysan; en couleurs.
— Höger. Esquisse d'un paysage   2

2929. Janitz. Pièce d'architecture; en couleurs. — Jung-
wirth. Buste d'une Sainte; à la plume . .   2

2930. Jordan, J. H. Une grappe de raisin; au crayon . . .   1

2931. Kininger. Différens sujets   3

2932. Kölbl, Ant. Différentes esquisses   62

2933.   dto.   Différentes esquisses   116

2934. Lanzedelli. Esquisses historiques   5

2935. Legros. Petit paysage; au crayon noir. — Lischka.
Esquisses de paysages   4

2936. Maurer. Buste d'une femme. — Molitor. Deux petits
paysages   3

2937. Monsorno. Vénus et l'Amour. — Sujet historique .   2

2938. Neyts. Batimens et ruines; en couleurs   2

2939. Norblin. Homme à cheval dans un paysage   1

2940. Divers paysages par Pellegrini, Pillement, Pfeif-
fer, Rebell   4

2941. Rahl. Petit paysage. — Rauch. Une vache   2

2942. Rectorzick. Un ermite pénitent dans un paysage; en
couleurs   1

2943.   dto.   Paysage orné de ruines; lavé au bistre . .   1

APPENDICE.

Nr.		Pièces.

2991. **Scotto.** Sim. Mayr, Musicien. — **Skerl.** Deux vues . 3
2992. **Smith,** J. R. The elopement. — Dressing for the masquerade 2
2993.   dto.   The tobacco box. — Dressing for the masquerade 2
2994. **Thevelot.** Les adieux de Calas. — **Tischler.** Einzug mit der ungarischen Reichskrone von Wien nach Ofen. 1790 . . . . , ... 2
2995. **Thompson.** The british lion roused. En couleurs. — **Unterberger.** L'apothéose du Prince Kaunitz 2
2996. **Viani.** St. François; d'après L. Carrache. (2.) — **Verico.** Triomphe de la Religion 2
2997. **Visscher,** J. de. Trois paysans dans un cabaret; d'après Brouwer 1
2998. **Vico,** Enée. Vase d'après l'antique. (425.) — **Vitalba.** Cupid and Satyr 2
2999. **Watson.** Les oyes de Frère-Philippe. — **Weiss.** Ferdinand, Archiduc d'Autriche 2
3000. **Wolf.** Vues du côté méridional de la Crimée. Suite lithogr. 10
3001.   dto.   Der Wolfgang-See und Schloss Hohenwerfen in Salzburg. Lithogr. 2
3002. **Worthington.** Children brought to Christ; d'après Stothard 1
3003.   dto.   The cotter's Saturday Night; d'après le même 1
3004. **Zancon.** Nymphe et Satyr. — **Zetter.** Vue du Kremlin à Moscou 2
3005. Divers sujets par **Schütz, Schmuzer** etc. 5
3006. Divers sujets 7
3007. Vues de Hausen. — Passage des troupes Russes. — Paysage. En couleurs 4
3008. Marine et paysage en couleurs 2
3009. La digue rompue. — Slate Quarry at Crahtree. — Paysage. En couleurs 3
3010. Bâtimens d'après Weirotter, en couleurs 4
3011. Marines 3
3012. Le calme; d'après Vernet 1
3013. Soleil levant sur mer; d'après Gelée. — **Frank.** Derniers combats de l'armée Française 1813 . . 2
3014. Cavaliers et chevaux 3

3015. La barrière franchie. — Le départ au galop. — Le cavalier démonté. — Le jockey au montoir. — Le cheval bouchonné. — Cheval de chasse. Suite	6
3016. Différens sujets	6
3017. Différens autres sujets	40

3018. **Allais, J. A.** La Joconde; d'après Leonardo da Vinci	1
3019. dto. La belle Féronnière; d'après le même	1
3020. **Allais et Ribault.** Van Dyck peignant son premier tableau; d'après Ducis	1
3021. **Anselin.** Le siège de Calais; d'après Berthelemy	1
3022. **Asioli, Jos.** La Ste. Famille; d'après Raphaël	1
3023. **Audouin.** Jupiter et Antiope; d'après le Corrège	1
3024. **Balechou.** La tempête; d'après Vernet. Epreuve avec les rayes	1
3025. dto. Le calme; d'après le même. Epreuve avec les rayes	1
3026. dto. Auguste III, Roi de Pologne; d'après Rigaud	1
3027. dto. Les baigneuses; d'après Vernet. Epreuve avec les rayes	1
3028. dto. Ste. Gènvive; d'après Vanlo. Epreuve avec les rayes	1
3029. **Bartolozzi.** Ste. Famille; d'après N. Poussin	1
3030. dto. Shakespeare. Twelfth night. Acte V. Scène I; d'après Hamilton	1
3031. **Bartolozzi et Picot.** La tempête et le pendant: Nymphes au bain	2
3032. **Beauvarlet.** Jugement de Paris; d'après Lucas Giordano	1
3033. **Bervic.** L'éducation d'Achille; d'après Regnault	1
3034. dto. L'enlèvement de Déjanire; d'après le Guide	1
3035. dto. L'Innocence; d'après Merimée	1
3036. dto. Le repos; d'après Lepicié	1
3037. **Bettelini, Pierre.** Date obolum Belisario; d'après Rehberg	1
3038. **Bisi, Mich.** Vénus et l'Amour; d'après Appiani	1
3039. **Bonato, Pierre.** La sacra famiglia; d'après le Corrège	1

Nr.			Pièces.

3040. **Bromley**. The death of Horatio Nelson; d'après Devis

3041. **Burnet, John**. The rabbit on the wall; d'après Wilkie ... 1

3042.   dto.   La même Estampe ... 1

3043.   dto.   The jews harp; d'après Wilkie ... 1

3044.   dto.   La même Estampe ... 1

3045.   dto.   The young bird ... 1

3046. **Cantini**. Buste de la Ste. Vierge. In me omnis gratia; d'après Batoni ... 1

3047. **Caronni, Paul**. Il Principe Eugenio Napoleone, Vice-Rè d'Italia; d'après J. Longhi ... 1

3048. **Clarke, J.** L'éducation d'Achille; d'après Cipriani. Avant la lettre ... 1

3049. **Coiny, J.** La création d'Eve; d'après Michel-Ange . 1

3050. **Collyer**. Winter's tale; d'après Hamilton ... 1

3051. **Desnoyers, A. B.** La visitation; d'après Raphaël . 1

3052.   dto.   La Vierge à la chaise; d'après le même . . 1

3053.   dto.   La Vierge avec l'enfant Jésus du palais Templ à Florence; d'après le même ... 1

3054.   dto.   La Vierge aux rochers; d'après Leonardo da Vinci ... 1

3055.   dto.   François I, montre à Marguerite, Reine de Navarre, sa soeur, le distique qu'il vient de tracer avec un diamant sur une fenêtre du château de Chambord; d'après Richard . . 1

3056. **Dissard**. Hyacinthe; d'après Broc. Avant la lettre 1

3057. **Earlom**. Nymphs and Satyrs; d'après Rubens ... 1

3058. **Edelinck**. La Madelaine pénitente; d'après Le Brun. Collée ... 1

3059.   dto.   Champagne, Philippe. Collée ... 1

3060. **Fittler, James**. Shakespeare. Winter's Tale; d'après Wheatey ... 1

3061. **Folo**. Joannes Evangelista. Avant toute lettre . . 1

3031.a   dto.   Maria Magdalena; d'après Poli ... 1

3062.   dto.   Le Temps sauve la Verité; d'après N. Poussin 1

3063. **Gandolfi**. Judith; d'après Allori ... 1

3064. **Gandolfi**. L'Amour dormant ... 1

3065. **Garavaglia, Giovita**. Hérodiade; d'après Luino . 1

3066. **Gmelin**. Der See von Albano bei Rom ... 1

3067.   dto.   Das Mare morto bei Neapel ... 1

Nr.			Pièces.
3068.	Gmelin.	Aussicht im untern Stocke der Villa des Maecenas zu Tivoli, und Gegenstück: Halle im obern Stocke der Villa Maecenas	2
3069.	dto.	Veduta di Baja; d'après Phil. Hackert	1
3070.	dto.	Veduta di Pozzuoli. Pendant de la précédente; d'après le même	1
071.	dto.	Die Grotte des Neptuns	1
3072.	Godefroy, John.	Ossian; d'après Gérard	1
3073.	Green, Val.	Peter and John going to the sepulchre, et le pendant: The three Marys going to the sepulchre; d'après West	2
3074.	John, F.	St. Jean Baptiste; d'après Raphaël	1
3075.	Klauber.	The battle at la Hogue; d'après West	1
3076.	Landseer.	Manchester; d'après Craig. La lettre ouverte	1
3077.	Lapi, E.	L'enfant Jésus dormant. Dormivi conturbatus; d'après Albano	1
3078.	Laugier.	Anne Louise Germaine Necker, Baronne de Staël-Holstein; d'après Gérard	1
3079.	Legat, Francis.	Marie Stuart, d'après Hamilton	1
3080.	Lerpiniere, Dan.	St. George and the dragon; d'après Gelée	1
3081.	Lignon, Fréd.	La Vierge au poisson; d'après Raphaël	1
3082.	dto.	Talma; d'après Picot	1
3083.	dto.	Mademoiselle Mars; d'après Gérard	1
3084.	dto.	Louis Philippe d'Orléans; d'après le même	1
3085.	Longhi, Jos.	Le génie de la Musique; d'après le Guide	1
3086.	Lorichon, C.	Ecce-Homo. d'après le Titien	1
3087.	dto.	Mariage mystique de Ste. Catherine	1
3088.	Luison.	I figli di Niobe saettati da Apollo; d'après Wilson	1
3089.	dto.	Vent orageux. Avant toute lettre	1
3090.	dto.	Naufrage. Avant toute lettre	1
3091.	Masson, Ant.	Les disciples d'Emaüs, dite la Nappe; d'après le Titien	1
3092.	dto.	Le Comte d'Harcourt, pièce connue sous le nom de Cadet à la perle; d'après Mignard. Chef-d'oeuvre de gravure	1

Nr.   Pieces.

3093. **Migneret, Adr.** Molière consultant sa servante; d'après Vernet · · · · · · · · · · · · 1

3094.   dto.   Molière mourant; d'après Vafflard · · · · · *1*

3095. **Morghen, Raph.** St. Jean Baptiste; d'après le Guide   1

3096.   dto.   Monument erigé à la memoire du Pape Clement XIII.; d'après Canova · · · · · · · 1

3097.   dto.   La Charité, d'après le Corrège · · · · · · 1

3098.   dto.   Theologia. — Poesia. — Philosophia. — Justitia. D'après Raphaël. Suite compl. · · · 4

3099.   dto.   Theologia; d'après le même · · · · · · · 1

3100   dto.   Poesia; d'après le même · · · · · · · · 1

3101.   dto.   Raphaelis Amicitia celeberrima, la Fornarina; d'après le même · · · · · · · · · · · 1

3102.   dto.   Portrait d'une femme. Beati gli occhi, che la vider viva; d'après Memmi · · · · · · 1

3103.   dto.   Diane à la chasse; d'après Dominiquin · · 1

3104. **Müller, Fréd.** Adam et Eve; d'après Raphaël · · · 1

3105. **Müller, J. G.** Louis XVI; d'après Duplessis · · · · 1

3106. **Peak, James.** Mercury and Battus; d'après Gelée · 1

3107. **Pradier, Ch. S.** Psyché et l'Amour; d'après Gérard · 1

3108. **Primavesi.** Paysage d'après le fameux tableau par Ruysdael, dans la galerie de Dresde, dit le Cimetière · · · · · · · · · · · · · 1

3109. **Raimbach.** Blind-man's buff; d'après Wilkie · · · · 1

3110. **Rainaldi.** Jupiter en taureau enlevant l'Europe; d'après Paul Veronèse · · · · · · · · · · · · 1

3111. **Rampoldi.** Jésus Christ enseigne dans le temple; d'après Lovino · · · · · · · · · · · · 1

3112. **Rivera.** Jésus Christ priant dans le jardin des olives; d'après Carlo Dolce · · · · · · · · · · 1

3113. **Rosaspina.** Abraham et les trois anges; d'après Carrache. Avant toute lettre · · · · · · 1

3114. **Schiavonetti.** King Lear; d'après Smirke · · · · 1

3115. **Scott, John.** Infancy; d'après Chalon · · · · · · 1

3116.   dto.   Benevolent cottagers; d'après Callcott · · · 1

3117. **Selma.** St. Ildephonse recevant une chasuble des mains de la Ste. Vierge; d'après Murillo · · · · 1

3118. **Sharp, William.** Sir Francis Burdett; d'après Northcote · · · · · · · · · · · · · · · · 1

3119. **Sharp et Smith.** Niobe; d'après Wilson · · · · · · 1

Nr.			Pièces.
3120.	Smith, J. R.	The fortune teller; d'après Peters	1
3121.	Strange, Rob.	Ste. Cécile; d'après Raphaël	1
3122.	dto.	Romulus et Remus trouvés sur le bord du Tibre; d'après Pietro da Cortona	1
3123.	dto.	La même Estampe	1
3124.	dto.	César repudie Pompeia et reçoit Calpurnia comme sa femme; d'après Pietro da Cortona	1
3125.	dto.	La même Estampe	1
3126.	dto.	Apollo rewarding Merit and punishing Arrogance; d'après Sacchi	1
3127.	dto.	Venus blinding Cupid; d'après le Titien	1
3128.	dto.	Cupid sleeping; d'après le Guide	1
3129.	dto.	Vénus servie par les Graces; d'après le Guide	1
3130.	Vivares.	Paysage orné de figures; d'après Gelée	1
3131.	Vivares et Bartolozzi.	Bal et Noces champêtres; d'après Zuccarelli. Deux pièces faisant pendants. Avant toute lettre	2
3132.	Walker, William.	Diana and Calisto; d'après Le Moine	1
3133.	Wille.	Louis Phelypeaux Comte de Saint Florintin; d'après Tocqué	1
3134.	dto.	La même Estampe plus faible	1
3135.	dto.	Le maréchal-des-logis; d'après P. A. Wille	1
3136.	dto.	L'observateur distrait; d'après Mieris	1
3137.	Woollett.	Paysage du 2^d prix; d'après Smith. Avec l'adresse de Boydell	1
3138.	dto.	Macbeth; d'après Zuccarelli. La lettre tracée et avant l'adresse	1
3139.	dto.	Apollo and the Seasons; d'après Wilson et Mortimer. Avec l'adresse de Laurie et Whittle	1
3140.	Woollett.	Evening; d'après Swanevelt. Avec l'adresse de Woollett, North-Street	1
3141.	dto.	Morning; d'après le même. Avec l'adresse de Woollett, North-Street	1
3142.	dto.	Paysage, orné de fabriques et de bergeries. Le devant offre des eaux au bord desquelles se voient trois peintres, les trois frères Smith. Avec l'adresse de Boydell	1

Nr.			Piéces.

3143. dto. Phaeton; d'après Wilson. Avec l'adresse de Boydell · · · · · · · · · · · · · · · · · **1**

3144. dto. Dido and Aeneas; d'après Jones et Mortimer. Avec l'adresse de Woollett, North-Street · · · · · · · · · · · · · · · **1**

3145. A l o j a. Recueil des vues de Naples · · · · · · · · · **1**

3146. B a r t s c h, A d. Divers animaux; d'après H. Roos etc. · **23**

3147. B a u d u i n, B o n n a r t etc. Batailles; d'après Van der Meulen · · · · · · · · · · · · · · · · **8**

3148. B i t t n e r. Ruines d'architecture · · · · · · · · · · · · **25**

3149. B o e h m. Mars et Vénus; d'après Battoni. Avant la lettre · · · · · · · · · · · · · · · · · **1**

3150. C l a r o t. Portrait du Comte Szechenyi Istvan · · · · · **1**

3151. C l e r c k. La tempête; d'après Loutherbourg · · · · · **1**

3152. Destruction of the Spanish Armada. — Admiral Nelson's Victory. — Le plaisir de campagne etc. · · **4**

3153. D u V i v i e r. Divers paysages · · · · · · · · · · · · **8**

3154. F i n d e n's Landscape illustrations of Byron. 1 Cahier · **1**

3155. F ü g e r, H. Différens sujets de figures. — B a r t s c h. Jupiter et Pallas, Philosophia, Jus, Theologia, Medicina; lithogr. d'après Füger · · **10**

3156. G e i g e r, A. Hélène et Paris; d'après David · · · · · **1**

3157. G m e l i n. Der Wasserfall bei Terni. — Die Grotte des Neptun · · · · · · · · · · · · · · · **2**

3158. G r i e s s e r. Die Schildwache, lithogr. nach C. S c h i n d l e r **1**

3159. H a l d e n w a n g. Die heimkehrende Heerde, nach Claude Lorrain · · · · · · · · · · · · · · · **1**

3160. H ö l z l. Abbildungen der Schlosserwaaren. 10 Hefte · · **10**

3161. H u m m e l. L'Empereur Nicolas I, visitant le tombeau de l'Empereur François I · · · · · · · · · **1**

3162. J o d e, L a u w e r s, G a l l e. Différens portraits; d'après Van Dyck · · · · · · · · · · · · · · · · **8**

3163. K i n i n g e r. Sujets saints et allégoriques, lithogr. d'après Füger · · · · · · · · · · · · · · · · · **8**

3164. dto. Une tigresse; d'après Rubens. — D e P i a n. Vue de Venise; d'après A. Cânal. Lithogr. · **3**

3165. K ö p p. Description et vues pittoresques et historiques de l'Autriche. 1 Cahier · · · · · · · · · · **1**

3166. Kunstvereinsblatt von Wien. 1834. Madonna mit zwei
      heiligen Frauen, nach Perugino, gestochen
      von Steinmüller · · · · · · · · · · ·   1
3167. Kunstvereinsblatt von Wien. 1835. Rückkehr des Land-
      mannes von der Arbeit, nach Waldmüller,
      gestochen von Fr. Stöber · · · · · · ·   1 ·
3168. Kunstvereinsblatt von Wien. 1836. Zriny's Tod, nach
      Peter Krafft, gestochen von Fr. Stöber ·   1
3169. Kunstvereinsblatt von Triest. 1841. Räuberüberfall, nach
      Pistorius, lithogr. von Selb · · · · · · ·   1
3170. Recueil des meilleurs dessins de Raimond La Fage   43
3171. Oeuvre de Lairesse · · · · · · · · · · · · · · · · 110
3172. Loos. Paysage d'après Artois. Avant la lettre · ·   1
3173.   dto.   Autre paysage. Avant la lettre · · · ·   1
3174.   dto.   Autre paysage; d'après Artois. — Paysage
      d'après Ruysdael · · · · · · · · · · · · ·   2
3175. Mössmer. Etudes de paysages lithogr. · · · · · · ·   20
3176. Molitor. Différens paysages, grav. à l'eau-forte. Orig.
      et Copies · · · · · · · · · · · · · · · ·   10
3177.   dto.   dto.   dto. · · · · · ·   12
3178.   dto.   dto.   dto. · · · · · ·   15
3179.   dto.   dto.   dto. · · · · · ·   11
3180. Morghen, Raph. La Madonna col Bambino; d'après
      Andr. del Sarto · · · · · · · · · · · ·   1
3181. Nanteuil, Lommelin, Fischer. Différens portraits   9
3182. Nationalgallerie von London. Part. 5. 19 · · · · · · ·   2
3183. Nicholson. Loch Venachoir · · · · · · · · · · · ·   1
3184. Ostade. Sujets rustiques · · · · · · · · · · · ·   4
3185.   dto.   Sujets rustiques · · · · · · · · · · · ·   4
3186. Ostade. Sujets rustiques · · · · · · · · · · · · ·   2
3187. Piringer. Divers paysages et vues · · · · · · · · ·   12
3188.   dto.   Divers paysages et vues · · · · · · · ·   12
3189.   dto.   Divers paysages et vues · · · · · · · ·   12
3190.   dto.   Suite de paysages; d'après Dietrich · · · ·   10
3191.   dto.   Le Soir et le Matin; d'après Schönberger ·   2
3192.   dto.   L'aube du jour et le clair de lune; d'après
      Molitor · · · · · · · · · · · · · · · ·   2
3193.   dto.   Grands paysages, d'après G. Poussin · ·   2
3194. Ponheimer. Etudes d'arbres · · · · · · · · · · · ·   8
3195. Rauch. Différens animaux et bestiaux · · · · · · · ·   11

Nr.			Pièces.

3196. **R e i n h a r t.** 22 Thierstudien. 1 Cahier · · · · · · · · · · 1

3197. **S c h i n d l e r, J.** Blumensammlung auf Stein gezeichnet, wovon 15 in Farben · · · · · · · · · · · · · 25

3198. **S c h l o t t e r b e c k.** Vue générale de Vienne; d'après J. Fischer · · · · · · · · · · · · · · · · · · 1

3199. **S c h m i d t, M a r t.** Différens sujets saints · · · · · · · 8

3200. **S t ö b e r, F r.** Die Hauptgötter der Fabel. 1 Cahier · · 1

3201.   dto.   Künstlerportraite. Th. Ender. Ammerling. Fischbach. Fendi. Redl. F. Gauermann. Waldmüller. J. Schaller · · · · · · · · · · · · · · 8

3202.   dto.   Bustes de femmes; d'aprés J. Ender · · · · 6

3203.   dto.   Autres bustes de femmes; d'après J. Ender · 6

3204.   dto.   Bustes d'hommes et de femmes · · · · · · 5

3205. **V i l l e n e u v e.** Vue générale du Mont Blanc · · · · · · 1

3206. **W a t e r l o.** Paysages en hauteur · · · · · · · · · · 4

3207. **W r e n k.** Die Zärtlichkeit der Mutter, nach Franceschini 1

3208. Diverses pièces par **M o r i n, R u g e n d a s, R i c c i** etc. 4

3209.   dto.   —   — **C a n o t, J. V i s s c h e r, A q u i l a** etc. 13

3210.   dto.   —   — **C o u s i n e t, A q u i l a, C a n t a r i n i** etc. · · · · · · · · · · · · · · 4

3211.   dto.   —   — **S w a n e v e l t, G u t t e n b e r g** etc. 6

3212.   dto.   —   — **B o t h, B i s c a i n o** etc. · · · · · · 6

3213.   dto.   —   — **D a u l l é, M a r c k, D e l a H y r e** etc. 6

3214.   dto.   —   — **B a r t o l o z z i, F ü g e r** etc. · · · · 8

3215.   dto.   —   — **D i e t r i c h, W a g n e r, G u i d o R e n i** etc. · · · · · · · · · · · 5

3216.   dto.   —   — **B a l e c h o u, L e B a s** etc. · · · · · 3

3217.   dto.   —   — **G o l t z i u s, T a r d i e u, S. R o s a** etc. 5

3218. Diverses pièces par **P i r a n e s i** etc. · · · · · · · · · · 5

3219.   dto.   —   — **L e B a s, R i c c i** etc. · · · · · · · 4

3220.   dto.   —   — **P i c a r t, R o u l l e t, N a t t i e r** · · 6

3221.   dto.   —   — **S. R o s a, D e P i a n** · · · · · · · 5

3222.   dto.   —   — **D a l l i n g e r** etc. · · · · · · · · 6

3223.   dto.   —   — **R u g e n d a s, G e n o e l s** etc. · · · 10

3224.   dto.   —   — **R e i n h a r t** etc. · · · · · · · · · 17

3225.   dto.   —   — **L e B a s, S c h m u z e r, L a u r i n** etc. 6

3226.   dto.   —   — **L o o s, G a u e r m a n n, S c h i n d l e r** etc. · · · · · · · · · · · · · 6

3227.   dto.   —   — **O u v r i e r, R u g e n d a s** etc. · · · 8

Nr.				Pièces.

Nr.				Pièces.
3228.	Divers paysages par **Waterlo**			5
3229.	dto.	dto.	dto.	8
3230.	dto.	dto.	dto.	12
3231.	dto.	dto. par **Seyffer, Bartsch** etc.		11
3232.	dto.	dto. par **Gauermann, Kolbe** etc.		6
3233.	dto.	sujets par **Waterlo, Schmuzer, Du Jardin** etc.		12
3234.	**Différentes petites pièces**			20
3235.	dto. autres pièces			22
3236.	dto. dto.			15
3237.	dto. dto.			12
3238.	**Diverses pièces par différens maîtres**			14
3239.	dto.	dto.	dto.	8
3240.	dto.	dto.	dto.	8
3241.	dto.	dto.	dto.	13
3242.	dto.	dto.	dto.	14
3243.	dto.	dto.	dto.	18
3244.	dto.	dto.	dto.	20
3245.	dto.	dto.	dto.	17
3246.	dto.	dto.	dto.	20
3247.	dto.	dto.	dto.	26
3248.	dto.	dto.	dto.	20
3249.	dto.	dto.	dto.	22
3250.	dto.	dto.	dto.	20
3251.	**Divers sujets d'architecture, vases** etc.			33
3252.	**Différens portraits**			19
3253.	**Différens portraits** lithogr.			8
3254.	**Fleures,** lithogr.			35
3255.	dto. dto.			40
3256.	**Différens portraits** lithogr.			13
3257.	**Divers animaux,** grav. à l'eau-forte par différens maîtres			31
3258.	**Différens paysages** grav. à l'eau-forte par différens maîtres			30
3259.	**Différens autres paysages** grav. à l'eau-forte par différens maîtres			13
3260.	**Divers paysages** lithogr.			6